# 古典文獻研究輯刊

## 十七編

潘美月・杜潔祥 主編

# 第 10 冊

## 元代國外題材筆記研究

### 黃雲生 著

國家圖書館出版品預行編目資料

元代國外題材筆記研究／黃雲生 著─初版─新北市：花木
蘭文化出版社，2013〔民 102〕

目 4+146 面；19×26 公分

（古典文獻研究輯刊 十七編：第 10 冊）

ISBN：978-986-322-435-8（精裝）

1. 文獻 2. 研究考訂 3. 元代

011.08 102014853

ISBN-978-986-322-435-8

9 789863 224358

古典文獻研究輯刊
十七編 第 十 冊 ISBN：978-986-322-435-8

## 元代國外題材筆記研究

作　　者 黃雲生

主　　編 潘美月　杜潔祥

總 編 輯 杜潔祥

企劃出版 北京大學文化資源研究中心

出　　版 花木蘭文化出版社

發 行 所 花木蘭文化出版社

發 行 人 高小娟

聯絡地址 235 新北市中和區中安街七十二號十三樓

　　　　　電話：02-2923-1455／傳真：02-2923-1452

網　　址 http://www.huamulan.tw 信箱 sut81518@gmail.com

印　　刷 普羅文化出版廣告事業

初　　版 2013 年 9 月

定　　價 十七編 20 冊（精裝）新台幣 31,000 元

# 元代國外題材筆記研究

黃雲生　著

## 作者簡介

黃雲生，男，河北工業大學人文與法律學院中文系教師，講授《大學語文》、《中國古代文學史》等課程。1975 年生於江西新余。1993～1997 年就讀於中國人民大學統計學系，獲經濟學學士學位。1997～2004 年就職於中國電子信息產業發展研究院，從事市場研究與文字編輯工作。2006～2009 年就讀於北京師範大學文學院，師從李真瑜先生，獲文學碩士學位。2009～2012 年就讀於北京師範大學古籍與傳統文化研究院，師從楊鐮先生，獲文學博士學位。有專著《可以享受的寂寞》（朝華出版社），名著改編本《紅樓夢》（時代文藝出版社）、《長生殿》（第二作者）、《桃花扇》（第二作者）等。

## 提　　要

「元代國外題材筆記研究」這一選題，研究對象是創作於元代的以外國為主要敘寫對象，或者以作者在國外的活動為主要敘寫內容的漢文文史筆記作品。在元代，這種筆記作品主要有《真臘風土記》、《安南志略》、《島夷志略》、《異域志》、《安南行記》、《元高麗紀事》、《皇元征緬錄》等幾部。《元代國外題材筆記研究》結合筆記的文體特徵與歷史發展，在研究元代筆記基本情況的基礎上，通過對元代國外題材筆記的傳藏、版本、作者、創作情況、內容、影響的研究，系統概括出元代國外題材筆記的基本面貌，並同時探討了與此有關的一些具體問題。本研究的主要目的是通過對於元代國外題材筆記相關問題的研究，為元代筆記研究提供一種補充，為元代遊記地理類筆記、風土人情類筆記的總體研究提供一個開端。

作為本研究的一個理論基礎工作，本論文探討了筆記的一些總體問題，特別是筆記的概念與分類標準問題。論文由此進一步分析了筆記的選擇範圍、文體特徵、研究情況等。

作為本研究的一個背景分析工作，本論文探析了元代筆記的相關問題。這些問題主要包括元代筆記的發展背景、歷史地位、發展特點、發展概況、研究情況等內容。研究認為，元代筆記在宋、明筆記之間起著重要的傳承作用，同時又具有自身的特點。特點之一是：遊歷風土類筆記的大量出現，是筆記這一文體發展到元代而產生的一個新現象。而國外題材筆記，則是遊歷風土類筆記的一個重要類別。

作為本研究的一個主要工作，本論文系統研究了元代國外題材筆記的相關問題，研究內容和力圖表現的特色與創新之處主要有以下幾個方面：

（1）詳細系統地梳理筆記的定義與分類標準問題，並提出了作者的觀點。

（2）元代國外題材筆記的傳藏與版本分析。

（3）元代國外題材筆記的內容與影響分析。

同時，本論文還研究了與元代國外題材筆記有關的一些具體問題。有的問題前人已有基本定論，本論文加以彙總分析，如《真臘風土記》版本研究；有的問題前人僅有初步研究成果，本論文在吸收前人觀點的基礎上儘量加以進一步探討，如《安南志略》版本研究；有的問題前人基本沒有涉及，本論文則進行力所能及的研究嘗試，如已佚元代國外題材筆記的研究。

# 目

# 次

真臘風土記

癸卯秋月
方介堪題耑

一九六三年十月溫州區
市文物管理委員會補刊
藏版 杭州古籍書店重印

真臘風土記

元周達觀撰 號草庭逸 民永嘉人

總敘

真臘國或稱占臘其國自稱曰甘孛智今聖朝按西
番經名其國曰澉浦只盖亦甘孛智之近音也自溫
州開洋行丁未針歷閩廣海外諸州港口過七洲洋
經交趾洋到占城又自占城順風可半月到真蒲乃
其境也又自真蒲行坤申針過崑崙洋入港港凡數
十惟第四港可入其餘悉以沙淺故不通巨舟然而
彌望皆修籐古木黃沙白葦倉卒未易辨認故舟人
以尋港爲難事自港口北行順水可半月抵其地曰
查南乃其屬郡也又自查南換小舟順水可十餘日
過半路村佛村渡淡洋可抵其地日于傍取城五十
里按諸番志稱其地廣七千里其國北抵占城半月
路西南距暹羅半月程南距番禺十日程其東則大
海也禇爲通商來往之國聖朝誕膺天命奄有四海

一 癸卯補版

溫州文管會補刊藏版重印本《真臘風土記》（圖片來源：國家圖書館）

綜一國之古今政治人物山川風俗而記

載之其惟志乎平蓋志猶史也辟以備

掌故而資經濟者元摹越南愛奴人

黎崱累高賞輯安南志略二十卷記

事詳核呈稱信史惜板久失傳而書亦

絶罕余得錢竹汀少詹曾手校之五

硯樓舊藏本一帙因念方今法越有事

必有留心經濟之士欲得而先睹為快

者爰亟付黎珍印行以公海內云爾

明治十七年二月題於樂善堂中

東京 岸吟香幷書

甲申仲春上

海樂善堂刊

安南志畧

錢唐吳炎

若樹文庫

岸吟香刊印樂善堂本《安南志略》（圖片來源：國家圖書館）

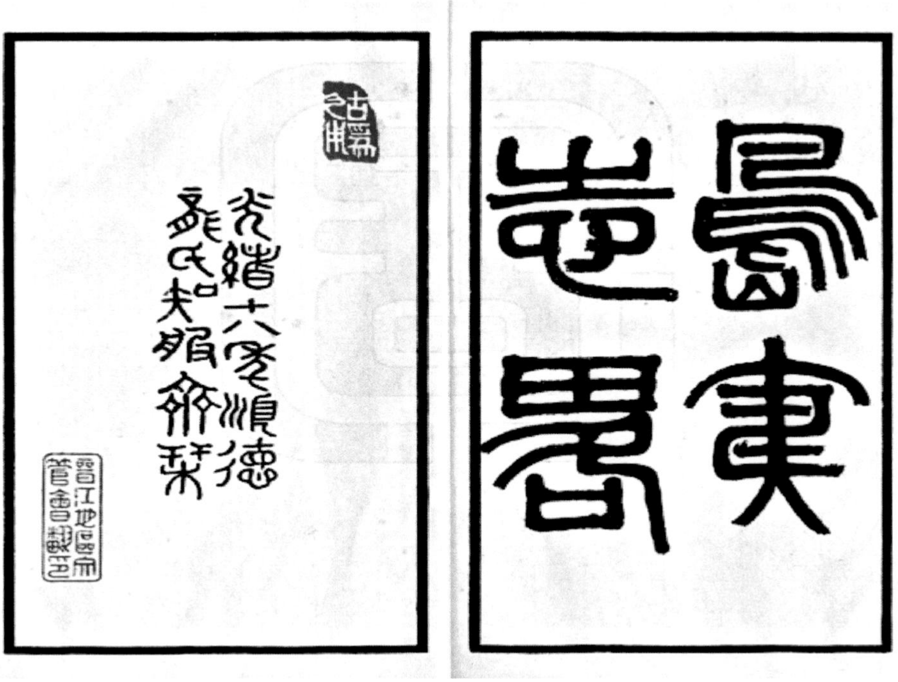


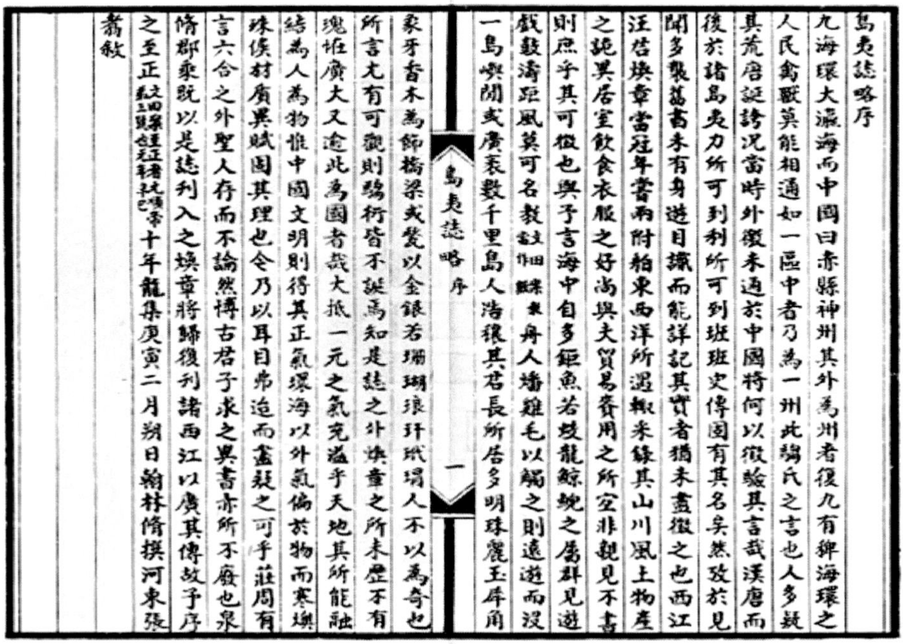

島夷誌略序

九海環大瀛海而中國曰赤縣神州其外為州者復九有裨海環之人民禽獸莫能相通如一區中者乃為一州此騶氏之言也人多疑其荒唐誕誇況當時外徼未通於中國將何以徵驗其言哉漢唐而後於諸島夷力所可到利所可到班班史傳固有其名矣然攷於見聞多襲舊書未有身遊目識而能詳記其實者猶未盡徵之也西江汪君煥章當冠年嘗兩附舶東西洋所過輒采錄其山川風土物產之詭異居室飲食衣服之好尚與夫貿易賚用之所宜非親見不書則庶乎其可徵也與予言海中自多鉅魚若蛟龍鯨鯢之屬群見遊戲鼓濤距風莫可名數[illegible]舟人燔雞毛以觸之則遠遊而沒一島嶼闊或廣袤數千里島人浩穰其君長所居多明珠麗玉犀角象牙香木為飾橋梁或甃以金銀若珊瑚琅玕玳瑁人不以為奇也所言尤有可觀則騶衍皆不誕焉知是誌之外煥章之所未歷不有瑰怪廣大又逾此為國者哉大抵一元之氣充溢乎天地其所能融結為人為物惟中國文明則得其正氣環海以外氣偏於物而寒燠殊候材質異賦固其理也今乃以耳目弗逮而盡疑之可乎莊周有言六合之外聖人存而不論然博古君子求之異書亦所不廢也泉脩郡乘既以是誌刊入之煥章將歸復刊諸西江以廣其傳故予序之至正[illegible]十年龍集庚寅二月朔日翰林脩撰河東張翥敘

晉江文管會翻印龍氏知服齋本《島夷志略》（圖片來源：國家圖書館）

異域志小序

異域志者得之雲間陳眉公惜
多魯魚亥豕篝燈雙玫壽之較青
以為遊觀廣攬之助六合邈矣
人居寰宇中以藜兄卯未至如
瞿曇氏所云東勝西牛日月互

異域志　序

異之說糯米之栢太倉迆臺末
之栢馬體迓夫豈斯我何智不
出墨養而視山海之外遂為悅
忽澜遼乎雖駏廣谷大川民生
異做匈奴貴漢財物至馳逐射
摵轂繪裂不可用而珠璣桂林

異域志卷之上

　　　元江陵處士周致中纂集
　　明
　　華亭眉公陳繼儒同校
　　金陵荊山書林梓行

扶桑國

在日本之東南大漢國之正東無城郭民作板
屋以居風俗與太古無異人無機心麋鹿與之
相親人食其乳則壽罕疾得太陽所出生炁之
氣者草木尚榮而不悴況其人乎

長生國

所薰炙故也然其東極清陽光能使萬物受其

其國在穿胷國之東秦人曾至其國其人長大
而色黑有數百歲不死者其容若少其地有不
炮樹食之則壽有亦泉飲之不老蓋其國乃在
天地靈氣之所鍾神明秀氣之所陰凡草木鳥
獸皆壽何況人乎

朝鮮國

金陵荊山書林刊夷門廣牘本《異域志》（圖片來源：國家圖書館）

# 導論：筆記與元代筆記概述

本導論主要探討兩方面的問題：一是筆記研究的兩個關鍵問題——筆記的定義和筆記的分類，這是元代國外題材筆記研究的理論基礎與必要前提。在分析前人觀點的基礎上，筆者提出對這兩個問題的見解，並進而順帶敘及筆記的其他基本問題——文體特徵、文體名稱、研究情況。二是元代筆記的總體情況，這是元代國外題材筆記發展的現實環境。內容包括元代筆記發展的時代背景與發展特點、內容分類與發展概貌，以及元代筆記研究情況。

## 一、筆記的相關問題

筆記，也稱筆記文，其研究一直存在一些需要解決的問題。這些問題既包括一些基礎性的理論問題，如筆記的定義、文體特點、分類標準、評價標準等，也包括一系列涉及具體作品的問題，如由於筆記不受文學批評者的重視，作者的相關信息未能詳細保留等，對現在的研究造成了種種障礙。論文的這一部分內容主要探討幾個重要的理論問題：定義與文體特徵、分類標準、文體名稱與研究情況。其中，定義與分類標準是兩個關鍵問題，是這些理論問題乃至筆記研究面臨的全部問題的基礎與核心。

### （一）筆記的定義與文體特徵

當我們提到「筆記的定義」時，有一個隱藏的前提：我們是將筆記當成一種文體來看待的。但是，筆記是不是一種文體，在一定程度上也存在爭議。在一般人的眼中，能夠夠得上文體標準的某篇具體作品，至少具有完整性。但是很多筆記作品，就其一「篇」的內容來看，偏偏是不完整的。有些筆記

作品由一條條（或者說一則則）文字組成，條與條之間從內容上看具有跳躍性（不連貫性），缺乏緊密的邏輯聯繫。將其當成文體，多少會對我們既有的文體觀念與相應理論形成衝擊與挑戰。相當一部分筆記單「篇」作品所具有的明顯的殘缺性，成為筆記被視為文體的一個重要障礙。

我們要給筆記一個定義，就得先給它一個定位，即認可並一直意識到它是一種文體。

「文體」是「文章體裁」的簡稱，按《現代漢語詞典》的解釋，「體裁」是「文學作品的表現形式。可以用各種標準來分類，如根據有韻無韻可分為韻文和散文；根據結構可分為詩歌、小說、散文、戲劇等」〔註 1〕。《新華詞典》的解釋與此相近：「文章或文學作品的類別、形式。如文章可分為記敘文、議論文、說明文、應用文等；文學作品可分為詩歌、小說、散文、戲劇等。」「表現形式」和「類別、形式」，這種提法比較抽象和籠統，說明體裁是一個不太好具體鑒別、只好大致而言模糊而言的概念。由於「表現形式」和「形式」是包容性很強的概念，用它們來定義體裁，就使得體裁這一概念也具有很大的包容性。事實證明，很多可以用來指代文章、給文章命名的概念，如小品（文）、故事、寓言、書信、傳記等等，都可以作為體裁的一種。筆記自然也不例外。同時，筆記作為文章或者文學作品的一類，與小說、散文、詩歌等相比，在「形式」上有自身的特點，因此，筆記作為一種文體來進行研究，有其可能性和必要性。

本論文對筆記的定義，是在綜合、分析前人相關定義的基礎之上作出的。因此，在筆者給出筆記的定義之前，需要先分析前人的觀點。

劉葉秋先生的《歷代筆記概述》追述了筆記這一概念的來歷，認為筆記「本指執筆記敘而言」。該書還指出：南北朝時，「稱信筆記錄的散行文字為『筆』」；後人將魏晉南北朝以來「用散文所寫零星瑣碎的隨筆、雜錄統名之為『筆記』」。以「筆記」兩字作為書名，「大約始於北宋的宋祁，他著有《筆記》三卷」。〔註 2〕在此基礎上，劉葉秋先生對於筆記提出了界定：

> 我認為筆記的特點，以內容論，主要在於「雜」：不拘類別，有聞即
> 錄；以形式論，主要在於「散」：長長短短，記敘隨宜。因此，凡是

---

〔註 1〕顯然，此概念中兩個「散文」所指的內涵不同。

〔註 2〕劉葉秋《歷代筆記概述》，北京：北京出版社，2003 年，第 1 頁。本段落雙引號中的內容，除了專有名詞，都引自該書。

較爲專門的著作，一概不錄：如晉皇甫謐的《高士傳》、元辛文房的
《唐才子傳》等等，專談一時一類事實的書不錄；如後魏楊衒之的
《洛陽伽藍記》、闕名的《三輔黃圖》、宋陸游的《入蜀記》等專敘
地理古跡和記行之書不錄；如晉嵇含的《南方草木狀》和《茶經》、
《蟹譜》之類專記動植物之書不錄。此外，如《顏氏家訓》、《二程
語錄》等等家訓、語錄以及《廿二史考異》、《十七史商榷》之類專
門考訂史書的札記，當然也不在本書論述之列。〔註3〕

但是劉先生也同時認爲，這種界定有時也要有變通。如《荊楚歲時記》雖爲
記風土的專書，但有必要作爲筆記加以介紹。

鄭憲春先生《中國筆記文史》沒有對筆記進行明確的定義，但有兩部分
內容與筆記的定義、界定有關：

一是提及了筆記文的三個特徵（本色）：其一，隨心所欲，隨事記錄。其
二，包羅萬象，形散神凝。其三，質樸自然，意趣橫生。〔註4〕

二是在提出爲筆記「正名」的觀點時，強調了筆記「無疑是絕對自由的
文體，它可以不拘體例，只要隨筆記錄便是深得筆記三昧」〔註5〕。

吳禮權先生在《中國筆記小說史》中引用了1989年版《辭海》對「筆記」
的定義：「泛指隨筆記錄、不拘體例的作品。」〔註6〕苗壯的《筆記小說史》
在回溯筆記這一概念時，說：「後來便把信手拈來，隨筆記錄，不拘體例的雜
記見聞、心得體會等統稱爲筆記。」〔註7〕

傅璇琮先生主編《中國古典散文精選注譯・筆記卷》的前言中，對筆記
特點有「一大二活」的概括：

筆記特點，一大二活。大，即「有容乃大」之「大」，「胸襟闊大」
之「大」。就內容言，天文地理、文學藝術、經史子集、典章制度、

---

〔註3〕劉葉秋《歷代筆記概述》，第5〜6頁。爲免行文冗長，凡是本論文中引用較
多或者較集中，而書末「參考文獻」中詳細注明了相關版本信息的文獻，在
本論文某一部分中多次引用並加以脚注時，從第二次脚注開始，以不產生歧
義和不影響核檢爲前提，往往採用簡單標注的方式：例如只標注作者與文獻
名，而省略出版單位與出版時間等信息。

〔註4〕鄭憲春《中國筆記文史》，長沙：湖南大學出版社，2004年，第7〜11頁。

〔註5〕鄭憲春《中國筆記文史》，第3頁。

〔註6〕吳禮權《中國筆記小說史》，北京：商務印書館國際有限公司，1997年，第1
〜2頁。此書1993年臺灣第一版，1997年在北京第一次印刷。

〔註7〕苗壯《筆記小說史》，杭州：浙江古籍出版社，1998年，第4頁。

風土民俗、軼聞瑣事、神鬼怪異、醫卜星相等，什麼都可以寫，什麼都可以錄，所謂牢籠天地、彈壓山川，所謂囊括宇宙、併吞八荒，都無以概括它所涉及、所包容的範圍之廣大。活，即「生動活潑」之「活」，「機動靈活」之「活」。就形式言，它可以「詩」「文」並舉，「韻」「散」兼行。《文心雕龍》所列緯、騷、詩、賦等幾十種文體，乃至額對、變文、詞曲、戲劇等文體或體裁，它都能採用，各種文體或體裁的文字它都能錄進。風格亦莊亦諧，宜雅宜俗，文字可長可短，文白兼顧，隨宜記述，更是充分體現了它的靈活性。一大二活與劉葉秋先生概括的「一雜二散」是相通的。〔註8〕

上述學者的論述，對於我們認識筆記這一文體的特點有重要的啟發作用，為我們進一步提出筆記的定義，並進而嘗試著提出一個更為明晰的關於判斷一部具體的著作是否屬於筆記的標準，提供了一個良好的基礎。筆者在吸取上述學者相關觀點的基礎上，參考《現代漢語詞典》中對筆記的界定，結合大量具體筆記作品的特點，對於筆記這一文體提出了如下定義：

**筆記是一種帶有隨筆記錄性質、以隨意性為突出特點、常由分條的短篇彙集成的作品和文體。**其中，以隨意性為突出特點，是筆記的文體特徵，是筆記區別於其他文體的關鍵因素。這種文體特徵表現在以下幾個方面：

第一，在內容來源、創作方式上，筆記具有「隨意性」特點。筆記的內容以外界的資料為主，同時也包括筆記作者自己的活動與觀念。這些資料或者來自於作者的見聞，或者來自某些有特色的書面資料。這些書面資料或者見聞具有不常見的特點，不容易進入一般人的視野，而是在某種特別甚至偶然的機會下，為筆記作者所獲。筆記中作者的活動與觀念，往往需要特定的環境——讀書思索或者遊覽的環境，這些活動與觀念是在這一特定環境中偶然產生的，作者為了避免遺忘，隨手記錄。筆記的創作方式是隨手記錄，創作思路與創作手法具有隨意性即即興發揮性質。

第二，在結構上，筆記具有「散」的特點。筆記由多條彼此邏輯聯繫鬆散、沒有固定順序的文字構成。雖然筆記創作在整體上有一定的目的性，存在一個整體目標，有一個主題或者有一條主線，有一個整體框架，但是局部內容（各條）之間的關係具有邏輯聯繫鬆散特點。

---

〔註8〕 傅璇琮主編，張萬起、金毅注譯《中國古典散文精選注譯・筆記卷》，北京：清華大學出版社，2009年，前言（金毅先生撰）。

第三，在內容上，筆記具有「雜亂瑣碎」的特點。「雜」是指記敘的多條內容涉及既定主題的多個方面。「亂」是指多條內容之間沒有固定的邏輯順序，這一特點與上段所述的結構特點是一致的。「瑣」是指與既定主題比較而言，內容往往為瑣事、細微之事。如正史記人，取材往往取大棄小，而筆記作品記人，則是取小棄大，選擇人物的一些側面、一些細微之事進行敘述。「碎」是指所有內容綜合起來，遠無法組成既定主題的全部方面。

筆記的結構鬆散、內容雜亂特點，在與一般史書〔註9〕相比時可以突顯出來。筆記與一般史書的區別在於，史書的結構是規範的，或者雖無成規，但是在邏輯上存在一個常規結構；如果去掉某一條或者幾條內容，會造成一目了然的結構缺陷。而筆記的散雜表現為：即便去掉其中相當一部分內容，整個著作也不存在明顯的結構缺陷或者邏輯不足。筆記之所以會出現這種情況，就是因為它的結構本來就是「不足」的（與記載相同內容的史書或專書相比）。

上述三個方面所涉及的六條特點，可以作為判斷具體的著作是否屬於筆記的標準：如果三個方面同時滿足（第三個方面的四個特點只須滿足兩個以上即可），就可以認為它以隨意性為突出特點，則其是筆記，否則就不是。在這種判斷標準中，「隨意性」是核心特點和關鍵標準。除上述三方面特點外，筆記還有其他特點。這些特點是由筆記上述的隨意性這一核心特點延伸產生的。這些特點有：

筆記具有鑒他性。筆記所記內容有一個明顯的來源：或是某些書籍或者其他書面資料，或是道聽途說。即便是以思辨為特點的筆記，其所考辨思索也是先有所本。

筆記具有實用性。實用性表現為筆記的目的是為了備忘。備忘是筆記創作的一個重要動力。

筆記具有選擇性。筆記所記內容是在對描寫對象的大量信息進行極大程度的刪減之後記錄下來的。這種刪減幅度極大，以至於記下的內容往往只有源信息的十之一二，並且支離破碎。這種刪減是一種隨意進行的選擇所致。

筆記具有隱性創作特點。即在材料選擇和創作手法上具有一定的文學性和趣味性。筆記因其隨意性，表現在創作手法上就顯得相當自由，因而往往具有文學性和趣味性。這一特點在筆記小說上表現得相當突出。即便那些非

〔註9〕指非筆記類的史書，因為有一些史書屬於筆記。

小說類的筆記，在規矩的表述語言下，也會在選材上體現出趣味性來：如風土類的筆記，往往取材上著眼於那些容易令讀者感興趣的內容。

談到筆記的定義，有一個問題無法迴避，即它與其他文體的關係，特別是它與史料著作、思辨類著作、日記著作、語錄體著作、人物傳記、具有紀實性質的短篇小說集等文體之間的關係。這些文體都與筆記有著很多相似性和交叉性。但作為一種文體，又與筆記有著區別。最主要的區別在於是否以隨意性為突出特點。筆者認為，上述文體的具體作品，如果是以隨意性為主要特點或突出特點，那麼就應該歸入筆記一類；如果不是，那麼就不應該歸入筆記一類。

以筆記與史料著作的關係為例，《史記》為源頭的正史都不是筆記，因為它們有規範的結構，其資料絕大多數都經過專門收集，即其資料收集帶有明確的目的性（為著作的完整結構服務），而沒有體現隨意性。當然，所謂「目的性」是一個相對的概念，並不是判斷是否屬於筆記的最重要標準。比如，我們不妨進行假設：如果在《史記》沒有定稿時，將司馬遷為撰寫《史記》而收集的部分資料整理成一部著作，這樣的著作，如果各條目之間的邏輯鬆散到了一定的程度，那麼也可以視為筆記著作——雖然其收集時的目的是為了寫成一部結構嚴謹的書。按同樣的標準，《通典》、《文獻通考》等著作也不屬於筆記一體。其他史料著作則需進行具體分析。如雜史，多數雜史類著作，因為其結構與創作方式帶有很大的隨意性，如《松漠紀聞》、《汝南遺事》、《錢塘遺事》等，大體上符合上述的以「隨意性」為核心的一系列特點，因此屬於筆記一體；但也有一些著作如《戰國策注》、《貞觀政要》、《五代史闕文》等，則不屬於筆記一體。〔註10〕

再以筆記與人物傳記的關係為例，《錄鬼簿》、《唐才子傳》和《青樓集》是元代三部典型的人物傳記。筆者認為，《唐才子傳》、《青樓集》是筆記著作，而《錄鬼簿》不是。《錄鬼簿》有規範的體例，各條之間有歸屬關係與邏輯聯繫。很多信息需要作者費心專門收集。而《唐才子傳》、《青樓集》沒有規範的體例，人物之間順序可以置換而毫不影響全書的邏輯結構，其中關於人物的敘述都是隨意寫成的：有的依靠腦中的記憶寫成，有的內容可能經過作者有意的收集，但從各條長短不一，條與條之間體例明顯不一致可以看出，這種收集方式也是通過平時隨手而記。

〔註10〕此處所列《松漠紀聞》、《汝南遺事》、《錢塘遺事》、《戰國策注》等六種書，《四庫全書》歸入雜史類。

大多數專書不屬於筆記。如前面劉葉秋先生提及的《南方草木狀》、《茶經》、《蟹譜》之類不屬於筆記。因爲這類專書，存在規範的體例，條目之間邏輯關係較強。同樣的道理，普通日記屬於筆記。因爲普通日記屬於平時的隨筆記錄，雖然條與條之間有嚴格的時間邏輯，順序看似無法置換，但是即便順序置換，多數內容之間也不會出邏輯矛盾（如今天記的是見張三，明天記的見李四，彼此毫不相干；或者甚至今天記的是作詩，明天記的是帳目，彼此毫無關聯）。但是專門記某些事情的日記，則不屬於筆記，如以記帳爲主的日記，則不是筆記。

筆記的定義一直是一個「懸案」；筆者也沒有解決好。只是希望這種嘗試能起到拋磚引玉的作用，激發有興趣的人對這個問題進行思考，以讓更多的人來解決這個問題。

在追溯「筆記」這一名稱時，目前一般認爲，《南齊書・列傳・丘巨源》是較早出現「筆記」二字的書面記錄。《丘巨源傳》載：「議者必云筆記賤伎，非殺活所待；開勸小說，非否判所寄。」〔註11〕然而這是不是現存文獻中最早出現「筆記」二字的，還無法下定論。目前已經發現的文獻中，出現「筆記」二字的，還有比《丘巨源傳》更早的三國時王肅《孔子家語》，以及成書時間早於《丘巨源傳》的劉勰《文心雕龍》。

《孔子家語》中記載如下：

> 叔仲會，魯人，字子期，少孔子五十歲，與孔璇年相比。每孺子之執筆記事於夫子，二人迭侍左右。孟武伯見孔子而問曰：「此二孺子之幼也，於學豈能識於壯哉？」孔子曰：「然。少成則若性也，習慣若自然也。」〔註12〕

不過，這裏的「筆」、「記」二字雖連在一起，但從語意上看，並不構成一個詞——而是「執筆」與「記事」兩個詞放在一起所致。這與《丘巨源傳》的情況還是有所區別的。《丘巨源傳》中「筆記」二字，雖然也是「執筆記事」之意，但是已構成一個獨立的詞語。

《文心雕龍》卷十有兩處提到「筆記」。

一處爲：

> 仲宣溢才，捷而能密，文多兼善，辭少瑕累。摘其詩賦，則七子之

---

〔註11〕蕭子顯《南齊書》，乾隆武英殿刻本，卷五十二，列傳第三十三。

〔註12〕王肅《孔子家語》，《四部叢刊》景明翻宋本，卷九。

冠冕乎。琳、瑀以符檄擅聲，徐幹以賦論摽美，劉楨情高以會采，

應瑒學優以得文。路粹、楊脩頗懷筆記之工，丁儀、邯鄲亦含論述

之美。〔註13〕

另一處爲：

庾元規之表奏，靡密以閒暢；溫太眞之筆記，循理而清通，亦筆端

之良工也。〔註14〕

這兩處，嚴傑先生《唐五代筆記考論》〔註15〕中提到過。其中，「路粹、楊脩

頗懷筆記之工」一句，程毅中先生在《略談筆記小說的含義及範圍》一文〔註

16〕中亦曾提及。不過，都沒有點明可能比《丘巨源傳》要早。或許因爲此兩

處的「筆記」，主要指奏議一類的文體，與後來一般認爲的「隨筆記錄」有所

區別。《南齊書》爲南朝梁蕭子顯撰，是現存關於南齊最早的紀傳體斷代史，

記述南朝蕭齊王朝自齊高帝建元元年（479）至齊和帝中興二年（502）共二

十三年史事。因此其成書在 502 年之後。《文心雕龍》的成書時間雖然還沒有

定論，但是一般認爲是在齊末，即 502 年之前。因此，筆者認爲，《文心雕龍》

是一部早於《南齊書》出現「筆記」一詞的著作。

從《文心雕龍》可見，南北朝時期，筆記已經作爲一種文體名稱，與文、

詩賦、符檄、賦論、表奏等相提並論。劉勰所謂的筆記，與現今所謂筆記有

一定的區別：他所指的主要是與韻文相比而言，大致相當於現代的隨筆式的

「散文」、「小說」和一部分具有雜錄性質的應用文（文書）。但是與現在的筆

記概念相比，這種區別並不明顯。因此，可以說，在《文心雕龍》中，筆記

的概念雖不明確，但在大體範圍上已經基本定型。劉勰雖然沒有提出筆記的

定義，但是就其所提及的筆記的內涵來看，他已經爲筆記這一概念確定了一

個基調和方向，後人對筆記的理解，基本上沒有脫離這一基調和方向。

另外，程毅中先生在《略談筆記小說的含義及範圍》一文中，嚴傑先生

在《唐五代筆記考論》一書中都曾提到，王僧孺《太常敬子任府君傳》中有

「筆記尤盡典實」一句。王僧孺（465～522）是南朝梁詩人和駢文家，因此

其文也是較早出現「筆記」一詞的文獻資料。

---

〔註13〕劉勰《文心雕龍》，《四部叢刊》景明嘉靖刊本。

〔註14〕劉勰《文心雕龍》，《四部叢刊》景明嘉靖刊本。

〔註15〕嚴傑《唐五代筆記考論》，北京：中華書局，2009 年，第 5 頁。

〔註16〕程毅中《略談筆記小說的含義及範圍》，載於《古籍整理研究學刊》1991 年第

2 期。

### （二）筆記的分類與文體名稱

劉葉秋先生《歷代筆記概述》主要講述了三類筆記：小說故事類、歷史瑣聞類和考據辯證類。他同時指出：「本書此處歸納古代筆記為三大類，也無非粗舉大凡而已。」〔註17〕此書名為「概述」，主要目的在於對古代筆記進行大致的介紹，而不在於對筆記的文體特徵進行準確研究，因此對於筆記的定義、分類等理論問題，採取了略述即止、不深入探討的策略。

鄭憲春先生《中國筆記文史》對筆記作了以下分類：筆記小說、筆記小品、山水筆記、隨筆、詩話、日記。該書同時指出，「任何文體的絕對分類，都是沒有必要的」，因此，「筆記的分類，也只能是相對的。將筆記分為筆記小說、筆記小品、山水筆記、隨筆、詩話、日記幾類，也只是便於認識，就其大體而言。除此之外，筆記若再分類，還可以分出學術筆記、野史筆記、雜著筆記以及尺牘、序跋、箋注諸類。」〔註18〕

上述兩位學者的觀點基於他們對筆記這一文體的深刻認識，對後來研究筆記者具有重要的啟示作用。目前筆記的分類標準主要根據內容來定，而筆記由於具有隨意性和內容的雜亂性，其分類必然複雜，難以窮盡，只能就其大體而言，分出幾個大類。

筆者參考既有的觀點，根據筆記發展情況，從內容這一角度將筆記分為五大類：史料雜聞類；學術考辨類；遊歷風土類；小說故事類；其他類（如人物傳記類等）。

1、史料雜聞類筆記

史料雜聞類筆記是以史料記錄、作者見聞的事件為主要記載內容的筆記。如《南村輟耕錄》、《樂郊私語》、《至正直記》等都屬此類。

2、學術考辨類筆記

學術考辨類筆記是以作者讀書心得、對事件的考察分析為突出內容的筆記。這類筆記涉及的書籍往往比較雜，所考辨的知識在原書中也顯得很分散，顯出筆記作者是在平時閱讀過程中隨手記錄這一特點。如《隱居通議》、《閒居錄》、《北軒筆記》等都屬此類。

3、遊歷風土類筆記

遊歷風土類筆記是以某人遊歷（包括行軍出征、經商出行、旅居他鄉後

〔註17〕劉葉秋《歷代筆記概述》，第5頁。
〔註18〕鄭憲春《中國筆記文史》，第30頁。

短期定居等存在較長距離遷移的活動）爲主要內容，或者以某些地區的風土人情爲主要內容的筆記。如《長春眞人西遊記》、《眞臘風土記》等都屬此類。

### 4、小說故事類筆記

小說故事類筆記是以虛構的故事或者情節生動的故事爲主要內容的筆記。這類筆記兼有筆記與小說兩者的特點，一般也稱爲「筆記小說」。如《夷堅志》、《誠齋雜記》等皆是。這一領域的研究成果相對較多。如吳禮權《中國筆記小說史》（1997）、陳文新《中國筆記小說史》（1995）、苗壯《筆記小說史》（1998）都是這方面的專著。吳禮權先生對筆記小說有一個簡要的定義：「所謂『筆記小說』，就是指那些鋪寫故事、以人物爲中心而又較有情節結構的筆記作品。」〔註19〕苗壯先生則表達得更爲簡明扼要：「筆記小說是以筆記形式創作的小說。」〔註20〕

### 5、其他類筆記

由於筆記涉及面廣，內容上具有零散雜亂的特點，上述分類不可能盡括筆記所有類型。而且很多筆記本身內容繁雜，可能涉及上述幾種類型，不好歸入上述某一類。這類筆記都暫歸入「其他」類。這一類中，內容除了涉及上述多個方面外，還可能是某一方面的專題，如人物傳記、物品專記、景物專記、事件專記等等。

筆記有不同的文體名稱，如筆記、筆談、筆乘、雜記、記、談、錄、志、語、話、編等。如《北軒筆記》、《夢溪筆談》、《焦氏筆乘》、《古杭雜記》等。此外，也有關於筆記的筆記，如來新夏先生《清人筆記隨錄》、張舜徽先生《清人筆記條辨》、徐德明先生《清人學術筆記提要》等。

### （三）筆記的研究情況

關於筆記（筆記文）的系統研究著作，目前還比較少見。現有的研究成果主要表現爲以文學史或者文學隨筆爲形式的幾部作品：如劉葉秋先生的《歷代筆記概述》，鄭憲春先生的《中國筆記文史》。

劉葉秋先生的《歷代筆記概述》分爲八章，包括緒論、魏晉南北朝筆記、唐代的筆記、宋代的筆記、金元的筆記、明代的筆記、清代的筆記、結束語等內容。該書對歷代筆記進行了較好的梳理，比較和評價了不同的筆記版本。

---

〔註19〕吳禮權《中國筆記小說史》，第 2 頁。
〔註20〕苗壯《筆記小說史》，第 3 頁。

這對於讀者瞭解中國古代筆記的總體面貌可以起到提綱挈領的作用。此書雖不以「史」爲名，但實際上是一部分析精當的筆記文學史。

鄭憲春先生的《中國筆記文史》是迄今爲止第一部以「史」爲名的專門的中國筆記（筆記文）通史。全書由筆記緒論、先秦筆記、秦漢筆記、魏晉南北朝筆記、隋唐五代筆記、宋代筆記、金元筆記、明代筆記、清代筆記共九章組成。該書對於唐、宋、明、清四代筆記，因爲其數量龐大，故而論述較多；對於其它朝代筆記，論述相對較少。該書在對中國筆記作出鉤沉考證的基礎上，從縱橫兩方面分析筆記在不同時期的特點，比較不同作家的作品。此書考證筆記版本，辨析作家作品，都比較精當。正如文選德先生爲該書所做序中的評價，此書有三個特點：一是創立架構，體系嚴整。二是正本清源，考辨流變。三是考據辯證，嚴密精當。〔註21〕

筆記的概念、分類與選擇範圍，是筆記總體研究的一個重要內容。劉葉秋先生《歷代筆記概述》將筆記分爲小說故事類、歷史瑣聞類和考據辨證類三大類。這一分類比較精便，能夠從雜亂的筆記形體中提煉出幾個大類，有舉重若輕的效果。鄭憲春先生《中國筆記文史》的分類爲：筆記小說；筆記小品；山水筆記；隨筆；詩話；日記。這一分類比較繁雜，但是適合筆記文的具體情況。在概念與分類方面，孫勵《宋代筆記分類考辨》〔註22〕從歷代筆記分類的發展演變過程入手，分析筆記分類的混雜狀況及其原因，並採用統計學的方法來辨析小說類、史料類、考辨類三種筆記的分佈，對筆記分類考辨的價值和意義予以闡述。韓俐華《關於筆記文學的分類問題》〔註23〕也對這一問題進行了分析，提出了自己的見解。

關於筆記的專題研究成果，特別是筆記小說的研究成果，相對較多。如劉葉秋先生的《古典小說筆記論叢》（南開大學出版社，1985）對於筆記小說這一類別進行了精闢獨到的研究。吳禮權先生的《中國筆記小說史》、陳文新先生的《中國筆記小說史》、苗壯先生的《筆記小說史》等是這方面的代表作。

例如，吳禮權先生的《中國筆記小說史》是一部筆記小說的專門史。全書共分 7 章。該書對「筆記小說」的概念作了明確界定，將中國筆記小說的發展歷程概括爲六個時期，並分析各時期筆記小說的創作特點與發展原因。

〔註21〕鄭憲春《中國筆記文史》，序。
〔註22〕爲上海師範大學碩士論文，2004 年。
〔註23〕載於《遼寧大學學報》，1992 年，第 5 期。

該書對於各時期的主要作品進行評價，從而比較完整地勾勒出筆記小說發展的基本輪廓。

此外，歐陽代發《話本小說史》、胡士瑩《話本小說概論》、韓兆琦《中國傳記文學史》、陳蘭村《中國傳記文學發展史》、楊正潤《傳記文學史綱》、姜濤等《古代傳記文學史稿》、梅新林《中國遊記文學史》等都是涉及某類筆記的專題研究著作。

專題研究方面，還有一系列同時亦按朝代劃分的研究論文，如劉嘉寧《明代中後期史料筆記初探》〔註24〕、王寶紅《清代筆記小說俗語詞研究》〔註25〕、鄒志勇《宋人筆記中的詩學討論熱點研究》〔註26〕、胡琳《唐五代筆記小說中的商賈形象》〔註27〕、韓怡華《宋代筆記小說中的仙鬼詩》〔註28〕等等。這方面的研究生論文、期刊論文數量不少。這些論文以某一時期筆記爲研究對象，以某個專題內容爲核心進行分析。所涉內容分佈廣泛，體現出筆記這一文體內容繁雜的特點。這些論文在題材和考辨上各有側重，在不同領域豐富充實了筆記研究的成果。

例如，劉嘉寧《明代中後期史料筆記初探》將筆記置於明代中後期時代背景下，探討它們的史料價值、內在特點及社會作用等。該論文認爲：筆記在長期發展過程中形成了自身的文化特色——形式短小，題材廣泛，寫法靈活，語言簡潔洗練且饒有風趣；同時，在不同的歷史條件和背景下，其內容表現出各自的時代特點。該論文也對筆記的分類進行了探討，認爲明代中後期的史料筆記大體可分爲三類：典章制度與歷史瑣聞類；社會經濟與生活類；考據辯證類。

對筆記中的語言學現象進行研究，也是一個有特點的研究傾向。例如，以筆記小說中的俗語詞爲對象開展研究，是詞彙研究中的新視角，已有學者從事這方面的研究並取得了成果。王寶紅《清代筆記小說俗語詞研究》選定清代筆記小說中的俗語詞作爲研究課題，在廣泛梳理清代筆記小說著作的基礎上，重點對其中的 300 多部作了調查，搜集到大量俗語詞，然後從中篩選出 2728 個詞語作爲研究對象。語言學的研究，在筆記領域有廣闊空間。當然，

---

〔註24〕爲華中師範大學碩士論文，2007 年。
〔註25〕爲四川大學博士論文，2005 年。
〔註26〕爲南京師範大學博士論文，2005 年。
〔註27〕爲陝西師範大學碩士論文，2007 年。
〔註28〕爲華東師範大學碩士論文，2007 年。

對筆記內容進行文學研究和文獻學研究，研究空間更大，相關論文則更多。

筆記研究方面有不少期刊論文，如陶敏、劉再華《「筆記小說」與筆記研究》〔註29〕、張惠仁《古代筆記文初探》〔註30〕、褚斌傑《略述中國古代的筆記文》〔註31〕、胡仲實《漫談我國古代筆記小說中之女鬼故事》〔註32〕、丁海燕《宋人史料筆記研究》〔註33〕、劉婷婷《周密筆記的遺民情懷與史料價值》〔註34〕、李正學《〈夷堅志〉研究述評》〔註35〕等。這些論文或者從整體上對筆記進行觀照，或者選擇某個範圍進行研究，充實了筆記研究的成果。

可以說，在筆記領域，雖然單篇的研究性文章較多，但既有的研究成果還不算豐富，成體系的研究更少，筆記研究還顯得比較薄弱。這種現象的出現有多方面原因。首先，筆記作為一種文體，其出現時間雖然很早，但是由於這一文體的特殊性及作品形式的多樣性，被人有意識地作為一種文體加以看待，歷史並不久。其次，文學史及文學研究史上，詩、詞、文、曲、小說等文體佔據主要位置，受到多數文學研究者的關注。但筆記等文體，長期以來並不廣受重視。筆記創作在某些歷史階段，無論是作者還是作品都不少，但是研究卻都不多。再次，筆記是一種難以定義、難以把握其特徵的文體，雖然創作容易，但研究起來卻很難，這也是筆記研究成果不夠豐富的重要原因。可以說，在筆記研究方面還有很多需要開展的工作，還有很大的研究空間。

## 二、元代筆記基本情況

### （一）元代筆記的發展概貌

元代筆記既對前代筆記特別是宋代筆記有所繼承，同時又具有自身的歷史文化特點。就繼承性而言，宋代是中國歷史上筆記蓬勃發展的時期，也是筆記的成熟期。筆記不僅數量多，種類齊全，而且在思想和藝術方面發展到了一個成熟階段。元代筆記繼承了這種成熟特性。元代統治時間雖然相對宋

〔註29〕《文學遺產》，2003 年第 2 期。
〔註30〕《四川師範大學學報（社會科學版）》，1984 年第 2 期。
〔註31〕《煙臺大學學報（哲學社會科學版）》，1990 年第 2 期。
〔註32〕《廣西師院學報（哲學社會科學版）》，1996 年第 4 期。
〔註33〕《中州學刊》，2004 年第 1 期。
〔註34〕《中國石油大學學報（社會科學版）》，2006 年第 6 期。
〔註35〕《上饒師範學院學報（社會科學版）》，2006 年第 5 期。

代較短，但是筆記發展的趨勢依然得到保持，在數量、種類、水準上都取得了相應的成就。就歷史文化特色而言，元代的政治制度、經濟水準、文化環境等多個方面都不同程度地對筆記創作產生了影響：它們不僅影響筆記創作的思想、內容與形式，而且因為它們本身也經常在筆記內容中得到反映，從而使得這種影響更為緊密和複雜。

總體而言，元代史料雜聞類筆記基本保持著宋代以來的發展勢頭，湧現了不少記敘故實、反映社會、載錄時事的新作品；學術考辨類筆記雖然不如有宋一代豐富，但仍然產生了幾部高水準的著作；遊歷風土類筆記異軍突起，所涉地域廣闊，成為這個時期令人注目的一個新現象；專門類的筆記也有所發展，如人物傳記，出現了一些有較高文獻價值的作品；小說故事類筆記的發展則進入一個低谷期，相關著作數量較少，成就不高。

### 1、史料雜聞類

元代史料雜聞類筆記數量眾多，宋金元之交的如劉祁（1203～1250）所撰《歸潛志》，周密（1232～1298）所撰《癸辛雜識》、《齊東野語》、《武林舊事》，劉一清所撰《錢塘遺事》等，都很著名。這些筆記的主要內容，都是宋金人入元之後所作，或者至少為入元之後成書，因此可作為元代（創作的）筆記進行研究。但也有人將之作為宋代筆記看待。元代史料雜聞類筆記，有代表性或者有特點的，還有蔣正子《山房隨筆》、王惲（1227～1304）《玉堂嘉話》、劉敏中（1243～1318）《平宋錄》、白珽（1248～1328）《湛淵靜語》、鮮于樞（1256～1301）《困學齋雜錄》、楊瑀（1285～1361）《山居新語》、鄭元祐（1292～1364）《遂昌雜錄》、陶宗儀（1316～？）《南村輟耕錄》、陸友仁（1330年前後在世）《研北雜誌》及《吳中舊事》、姚桐壽（約1340年前後在世）《樂郊私語》、孔齊（1367年前後在世）《至正直記》、長谷真逸《農田餘話》。元末明初者所著，有權衡《庚申外史》、葉子奇（1327？～1390？）《草木子》等。

### 2、學術考辨類

元代學術考辨類筆記也為數不少，有些作品達到了較高的學術水準。此類作品主要有李治（1192～1279）《敬齋古今黈》、劉壎（1240～1319）《隱居通議》、陳櫟（1252～1334）《勤有堂隨錄》、吾丘衍（1268～1311）《閒居錄》、黃溍（1277～1357）《日損齋筆記》、郭翼（1305～1364）《雪履齋筆記》、陳世隆《北軒筆記》、李翀《日聞錄》、盛如梓《庶齋老學叢談》等。其中，《隱居通議》、《敬齋古今黈》、《北軒筆記》最為代表。

### 3、遊歷風土類

遊歷風土類筆記的湧現，是筆記在元代發展的一個亮點。主要作品有《聖武親征錄》、李志常（1193～1256）《長春眞人西遊記》、耶律楚材（1190～1244）《西遊錄》、劉郁《西使記》、周達觀《眞臘風土記》、黎崱（1261～約1342）《安南志略》、李京（？～約 1305）《雲南志略》、郭松年《大理行記》、虞集（1272～1348）《平猺記》、汪大淵（1311？～？）《島夷志略》、周致中《異域志》、劉佶《北巡私記》、廼賢（1309～1368）《河朔訪古記》、潘昂霄《河源記》、郭畀《客杭日記》等。

### 4、小說故事類

元代小說故事類筆記與魏晉至宋的同類作品比較，處於一個明顯的發展低谷，數量不多，有水準的作品也很少。較有價值的是少數幾部作品，如元好問（1190～1257）《續夷堅志》、林坤《誠齋雜記》、伊世珍《琅嬛記》等。金元間小說故事類筆記還有《江湖紀聞》、《新刊湖海新聞夷堅續志》、《異聞總錄》等，但這些筆記年代不可考。《江湖紀聞》十六卷，作者郭鳳霄，據《千頃堂書目》，僅知其字雲翼，餘皆不考，且此書今已散佚，僅餘殘本。《新刊湖海新聞夷堅續志》編者不知何人，該書爲誌事及志怪之作，多輯納前人筆記中的故事。據所集資料範圍看，作者當爲宋末到金元間人。《異聞總錄》作者未詳，當爲宋朝遺民。另外傳說吳元復有《續夷堅志》，但今不存。〔註36〕

### 5、其他類

上述四類筆記爲元代筆記的大概。此外還有「其他類」的筆記，涉及的種類很多，但就元代筆記發展情況而論，最突出的是人物傳記類筆記。主要作品有辛文房《唐才子傳》、夏庭芝（約1300～約1375）《青樓集》、徐顯《稗史集傳》等。

### （二）元代筆記研究情況

### 1、元代筆記整體研究情況

目前，關於元代筆記的整體研究，主要在於幾部關於筆記的文學史著作中，此外，也有一些單篇的關於筆記的論文，會論及元代筆記。

劉葉秋先生《歷代筆記概述》第五章《金元的筆記》分爲三節：第一節爲小說故事類的筆記；第二節爲歷史瑣聞類的筆記；第三節爲考據辯證類的

---

〔註36〕見鄭憲春《中國筆記文史》（湖南大學出版社，2004 年），第448～449 頁。

筆記。正文分別介紹了《續夷堅志》等幾部有代表性的筆記的一些基本信息。其中不少爲作者對筆記的考證與研究心得，具有重要的學術價值。

鄭憲春先生《中國筆記文史》第七章《承前啓後：金元筆記》有四個部分：金元人的內心追求與文學創造；金元筆記小說；金元學術筆記；金元雜著筆記。重點介紹了《隱居通議》、《南村輟耕錄》等幾部重要的學術類筆記，這對於我們瞭解元代筆記有重要啓示作用。

吳禮權先生的《中國筆記小說史》第六章爲《時過境遷歎式微：元明的筆記小說創作》，有以下四節：第一節爲走向衰微的原因；第二節爲元代的筆記小說創作；第三節爲明代的筆記小說創作；第四節爲元明筆記小說的彙編。該書將元代筆記與明代筆記放在一起作爲一章，由於明代筆記數量遠比元代爲多，因此對於元代筆記的介紹比較有限。該書主要介紹了《山房隨筆》、《三朝野史》、《庶齋老學叢談》、《輟耕錄》四部。

在研究生學位論文方面，整體研究元代筆記的基本未見，但涉及元代筆記的存在一定的數量。趙立豔《元代筆記中的小說史料研究》（山東大學，碩士論文，2010）從小說史料的角度出發，對元代筆記進行了梳理。該論文以小說觀念、小說背景史料、小說本事及海陵王研究、對小說作品創作影響等爲切入點進行闡述，對元代筆記中的小說史料進行研究。論文按內容將元代筆記分爲以下幾類：記宋末元初事情的筆記、綜合性的筆記及專記一方面的筆記。此外如對於某篇元代筆記的某方面的研究生論文，也有一些。如侯水霞《〈南村輟耕錄〉詞彙及語料價值研究》（暨南大學，碩士論文，2007）、陳偉玲《〈南村輟耕錄〉詞語研究》（浙江師範大學，碩士論文，2007）、陳文林《〈南村輟耕錄〉的編纂及其文獻學價值》（安徽大學，碩士論文，2011）、李政富《李治與〈敬齋古今黈〉》（內蒙古師範大學，碩士論文，2008）等。

元代筆記研究方面的期刊論文已形成了一定規模，但是這類論文絕少對於元代筆記進行整體論述的，而基本上是對某部元代筆記某一方面的研究；而且從語言學角度進行研究的較多，從文學、文獻學角度研究的較少。如魯國堯《陶宗儀〈南村輟耕錄〉等著作與元代語言》〔註37〕、侯水霞《〈南村輟耕錄〉詞語札記》〔註38〕等等。以《南村輟耕錄》爲例，「中國知網」上的期刊論文共 13 篇（此外還有研究生論文 5 篇，爲碩士論文，上文已述及部分），

〔註37〕《南京大學學報（哲學社會科學版）》，1996 年第 4 期。
〔註38〕《浙江萬里學院學報》，2007 年第 20 卷第 1 期。

其中一部分是隨筆或者知識介紹類的文章，研究性的論文爲 9 篇。這 9 篇論文中有 4 篇集中於語言學方面。《隱居通議》的論文，「中國知網」上僅一篇，爲鄧國光《劉壎〈隱居通議〉的賦論》〔註 39〕。《山居新語》和《玉堂嘉話》的學術論文，在「中國知網」庫中僅見《〈玉堂嘉話〉標點糾謬二則》一篇。〔註 40〕

關於元代筆記，此外也有一些整理研究成果，如對於某部作品的校注整理、版本考察、內容研究等。總之，關於元代筆記的研究，目前雖然存在一定數量的研究成果，但仍然顯得薄弱。楊鐮先生曾說：「元代筆記與小說是後人談論得多，但具體研究較少的文學體裁。」〔註 41〕可以說，與應有的研究成果相比，元代筆記研究無論在成果數量、研究範圍還是研究水準上都還有很大的發展空間。

### 2、元代遊歷風土類筆記的相關研究

元代遊歷風土類筆記的相關研究，成果尤其少見。現存的研究成果主要有三類：

一是此類筆記的校注整理。有代表性的著作如王國維先生校注《聖武親征錄》，沈曾植先生的《島夷志略廣證》，藤田豐八的《島夷志略校注》，夏鼐先生的《眞臘風土記校注》（中華書局，1981），蘇繼頎先生的《島夷志略校釋》（中華書局，1981），向達先生校注《西遊錄》（中華書局，1981），陸峻嶺先生校注《異域志》（中華書局，1981），武尚清先生點校《安南志略》（中華書局，1995），姚從吾先生校注《嶺北紀行》，賈敬顏先生的《五代宋金元人邊疆行記十三種疏證稿》（中華書局，2004）等。賈敬顏先生《十三種疏證稿》中，涉及元代邊地筆記的有三種：王惲《開平紀行》；張德輝《嶺北紀行》；周伯琦《扈從詩前後序》。賈先生考辨功夫精湛，爲他人研究有關的遊歷風土類筆記提供了重要的參考與基礎。

二是對於某部元代遊歷風土類筆記的研究。如《眞臘風土記研究》（陳正祥，香港中文大學，1975）、康冰瑤《〈異域志〉研究》（碩士論文）、鍾嬰《〈長春眞人西遊記〉述評》〔註 42〕、許全勝《〈西遊錄〉與〈黑韃事略〉的版本及

〔註 39〕《文學遺產》，1997 年第 5 期。
〔註 40〕本段所述情況，到 2012 年 4 月止。
〔註 41〕楊鐮《元代文學編年史》，山西教育出版社，2005 年，第 522 頁。
〔註 42〕《杭州師範學院學報（社會科學版）》，1995 年第 1 期。

研究——兼論中日典籍交流及新見沈曾植箋注本》〔註43〕、杜成輝《〈西使記〉
作者劉郁事蹟考》〔註44〕、和六花《略論郭松年〈大理行記〉及其史料價值》
〔註45〕、李劼《讀郭松年〈大理行記〉的另一種收穫》〔註46〕等等。這屬於
專題研究範圍。值得注意的是，雖然以某部遊歷風土類筆記為研究對象的著
作、論文不多，但是如果筆記的作者在詩文方面比較著名，則關於其人的相
關研究成果可能不少。這方面的典型例子是《西遊錄》的作者耶律楚材。這
些關於作者的研究成果，可以為本論文的研究提供重要參考。

　　三是與元代遊歷風土類筆記所涉地區有關的一些研究成果。如梅新林等
《中國遊記文學史》（學林出版社，2004）、高榮盛《元代海外貿易研究》（四
川人民出版社，1998）、余定邦等《中國古籍中有關新加坡馬來西亞資料彙編》
（中華書局，2002）、羽田亨《西域文明史概論》（中華書局，2005）、鍾興麒
《西域地名考錄》（國家圖書館出版社，2008）等。這類研究成果從地理學、
風俗學等方面可以為元代遊歷風土類筆記研究提供參考。

　　總之，關於元代遊歷風土類筆記的研究成果總的來看數量較少，現存成
果基本上是關於某一專題領域的研究；對於元代遊歷風土類筆記的整體研
究，至今未見。

〔註43〕　《復旦學報（社會科學版）》，2009 年第 2 期。
〔註44〕　《北方文物》，2009 年第 4 期。
〔註45〕　《楚雄師範學院學報》，2006 年 11 月，第 21 卷第 11 期。
〔註46〕　《中央民族大學學報（哲學社會科學版）》，2001 年第 3 期。

# 第一章　元代國外題材筆記概述

　　本章共兩節，主要研究元代國外題材筆記的總體發展情況、一般內容及價值地位。第一節首先對元代國外題材筆記進行界定，在此基礎上列出元代國外題材筆記的具體作品名錄，分析元代國外題材筆記的特點，接著介紹幾部現存作品的基本情況：發展背景、基本信息等。第二節總結概括元代國外題材筆記的一般內容，分析元代國外題材筆記的價值、地位，以展示元代國外題材筆記的整體風貌，並揭示元代國外題材筆記在元代筆記、元代文學，乃至中國文學、中國文化中的歷史作用。

## 第一節　元代國外題材筆記的發展情況

　　國外題材筆記是遊歷風土類筆記的一個重要類別。元人疆域與前朝相比有很大的拓展，與國外各地區的交流空間更爲寬廣。元人遊歷範圍得以延伸，記錄遊歷所見所聞的意識更爲強烈，使得記錄國外風土人情的筆記得以湧現，成爲元代筆記有別於以前的一個顯著特點。

### 一、元代國外題材筆記的界定、名錄與特點

#### （一）界定與名錄

　　元代國外題材筆記，是創作於元代的以外國爲主要敘寫對象，或者以作者在國外的活動爲主要敘寫內容的漢文文史筆記。這裏所謂的「元代」，從時間上看，是指蒙元時期，即從 1234 年蒙古滅金統一北方開始，到 1368 年蒙古族失去中原地區的統治爲止。從地域上看，是以蒙元勢力範圍爲界：蒙古政權統治下的地區視爲國內，而此外的地區視爲「國外」。判斷國內還是國外

的時間點以筆記作品的主體創作時間爲準。例如成吉思汗西征時期《長春眞人西遊記》、《西遊錄》等作品，在作者調查收集資料和創作之時，其中涉及的地區已屬於蒙元政權控制之下。因此這些筆記都不屬於元代國外題材筆記。《大理行記》、《雲南志略》等也都屬於這種情況。

根據這一界定，提出元代國外題材筆記及相關筆記的名錄如下：

表1-1　元代國外題材筆記及相關筆記名錄

| 第一類：現存的專寫國外之筆記 | | |
|---|---|---|
| 1 | 《眞臘風土記》 | 周達觀撰。一卷。《四庫全書》史部地理類 |
| 2 | 《安南志略》 | 黎崱撰。十九卷。《四庫全書》存目史部載記類 |
| 3 | 《安南行記》 | 徐明善撰。一卷。有《說郛》本（《四庫全書》子部雜家類） |
| 4 | 《元高麗紀事》 | 一卷。見雒竹筠《元史藝文志輯本》。有上海倉聖明智大學民國時期廣倉學宭鉛印本 |
| 5 | 《皇元征緬錄》（《元朝征緬錄》） | 一卷。有《元文類》本、《宛委別藏》本、《守山閣叢書》本等 |
| 6 | 《島夷志略》 | 汪大淵撰。一卷。《四庫全書》史部地理類 |
| 7 | 《異域志》 | 周致中撰。一卷。《四庫全書》存目史部地理類 |
| 第二類：已佚的專寫國外之筆記 | | |
| 1 | 《安南錄》〔註1〕 | 張立道撰。見諸家《元史藝文志》地理類，金門詔《補三史藝文志》雜史類 |
| 2 | 《使交錄》 | 蕭泰登撰。 |
| 3 | 《元貞使交錄》 | 佚名撰。雒竹筠《元史藝文志輯本》雜史類，諸家《元史藝文志》地理類，魏源《元史新編》地理類 |
| 4 | 《安南行記》（文矩著） | 文矩撰。諸家《元史藝文志》地理類 |
| 5 | 《移安南書》〔註2〕 | 李克忠撰。 |
| 6 | 《耽羅志略》 | 李至剛撰。諸家《元史藝文志》地理類 |
| 7 | 《西域異人傳》 | 瞻思撰。諸家《元史藝文志》傳記類 |

---

〔註1〕筆者認爲張立道所撰《安南錄》是文非「書」，該文現存。詳見第二章第一節的論述。不過，因爲它的主體內容具有按條敘事的特點，也可算作筆記。

〔註2〕筆者認爲《移安南書》是國書，即屬書信一體，而可能不是筆記一體。見第二章第六節的論述。不過，李克忠另有關於出使安南的筆記一部（已佚）。

| 8 | 《高麗志》 | 王約撰。諸家《元史藝文志》地理類 |
|---|---|---|
| 第三類：部分內容涉及國外之筆記 | | |
| 1 | 《長春真人西遊記》 | 李志常撰。見《續四庫全書》、《四部備要》等 |
| 2 | 《西遊錄》 | 耶律楚材撰。見《續四庫全書》 |
| 3 | 《西使記》 | 劉郁撰。見《四庫全書》傳記類 |
| 4 | 《大德南海志》 | 陳大震撰。元大德刻本，今存五卷 |

　　第一類是現存的「元代國外題材筆記」專門著作，主要有七部。其中《真臘風土記》、《安南志略》、《島夷志略》、《異域志》在《四庫全書》中都有保存。這四部書中，除《安南志略》歸於史部載記類存目外，其餘三部都歸在史部地理類。《安南行記》在《說郛》中有載。《元高麗紀事》見雒竹筠《元史藝文志輯本》，國家圖書館有藏。《皇元征緬錄》也稱《元朝征緬錄》，《元文類》中收有此書，另有《宛委別藏》本和《守山閣叢書》本。這些書基本上都有較穩定的流傳過程，迄今為止，都有比較完整的版本，有些書如《真臘風土記》版本流傳至今的尤多。

　　第二類是已佚的「元代國外題材筆記」專門著作。有《元貞使交錄》、《安南行記》（文矩著）、《耽羅志略》、《西域異人傳》、《高麗志》等書。這些著作由於未見全書，筆者只是根據前人對之的一些描述大致判斷其可能屬於筆記，而未進行嚴格的鑒別。這些已佚的作品，本論文將在第二章分析其流傳情況等。

　　第三類是部分內容涉及元代國外的筆記著作。如《長春真人西遊記》、《西遊錄》、《西使記》、《大德南海志》等書。前三部書所遊歷的目的地都位於西域。書中涉及的一部分西域地區，元之前在宋、金軍政疆域之外，並且在其書作者遊歷之時，雖然有蒙古大軍駐紮，但這種駐軍只是一種征戰過程中的駐留，大軍撤離後沒有留下比較正式的行政機構進行管理，所以應視為國外地區。只是這類國外地區佔全書的比重不高，所以本論文基本上不進行專門研究。《大德南海志》是元代陳大震所著的一部記錄廣州地區各方面情況的史志類書籍。目前國家圖書館藏元大德刻本存五卷，即第六至十卷。其中第七卷物產篇後附列有諸蕃國的名錄，然而沒有更進一步的詳細內容。

　　此外，還有一些與元代國外題材筆記比較接近的特殊情況。有的筆記著作，寫的是邊地的風土人情，這些地方元朝之前屬於相對獨立的國家治理，

後來成爲元朝的一個行政區域。《大理行記》就是這種情況。筆記內容雖然涉及到元朝統治之前的情況，但是多數內容都是由於郭松年遊歷此地而寫，而其遊歷時，大理地區已屬元朝管轄，因此《大理行記》不作爲國外題材筆記進行研究。有的筆記著作，如《北風揚沙錄》〔註3〕，所寫的主要是元代佔領之前的金國的情況，但由於其內容沒有明確的時間範圍，因此可以認爲其所寫情況是金國長期以來的一些歷史狀況。按照本論文的時間標準，這類筆記也不作爲元代國外題材筆記進行研究。佚書《天興墨淚》〔註4〕，據現存的一些介紹〔註5〕看，內容與《北風揚沙錄》屬於同一情況。《契丹國志》一書，作者葉隆禮主要生活在南宋，入元後不知所終，但因該書成於元初，所以雒竹筠遺稿、李新乾編補《元史藝文志輯本》將之作爲元本著錄。此書寫成雖在元代，但主要創作時間在宋，所記內容多與元時無關，且體例又仿正史，基本上爲紀傳體，因此本論文也不作研究。

## （二）特點

元代國外題材筆記是元代遊歷風土類筆記的一個重要類別。與元代其他筆記相比，元代遊歷風土類筆記具有以下特點：第一，最大的特點表現在內容方面。在內容上，遊歷風土類筆記主要記錄遊歷或風土人情。第二，在資料來源上，遊歷風土類筆記的內容主要來自於作者的親歷親聞。因此，這類筆記往往帶有鮮明的實地調查特色，因而帶有更多的可信度。第三，在形式上，遊歷風土類較多採用日記形式，或者至少以日程作爲安排材料的順序。

與元代其他遊歷風土類筆記相比，元代國外題材筆記具有以下特點：

第一，在內容上，元代國外題材筆記以國外爲記錄對象。因此，這類筆記往往充溢著濃郁的異國情調。所記內容絕大多數是元代國內所未見未聞的事物。

---

〔註3〕 倪燦《補遼金元藝文志》，錢大昕《元史藝文志》，魏源《元史新編》，曾廉《元書》，雒竹筠遺稿、李新乾編補《元史藝文志輯本》皆著錄。雒竹筠之書注《北風揚沙錄》爲佚書，誤，實則此書現存。《淡生堂書目》著錄此書時，注明「見《説郛》」。

〔註4〕 倪燦《補遼金元藝文志》，錢大昕《元史藝文志》，魏源《元史新編》，曾廉《元書》，雒竹筠遺稿、李新乾編補《元史藝文志輯本》，《千頃堂書目》皆著錄。雒竹筠之書注《天興墨淚》爲佚書。

〔註5〕 例如，清來集之《倘湖樵書》（清康熙倘湖小築刻本）卷九言《天興墨淚》「乃托名亡金舊臣志宋元破金之事」。

第二，在資料來源上，除個別作品的資料來自於對其他既有資料的選擇彙總，多數元代國外題材筆記的內容來自於作者的親身經歷。這意味著作者往往具有國外、海外遊覽經歷，並且經過有意識的實地調查和記錄。

第三，在結構形式上，元代國外題材筆記除個別以記錄某事件爲線索的筆記（如《皇元征緬錄》）外，多不採用日記形式。現存的元代國外題材筆記從所主要記錄的國家數量來看，只有兩種情況：或者記錄一個國家，或者記錄數十個以上的國家。因此這類筆記採用的主要結構基本上是兩類：那些涉及多個國家的（一般在數十個以上），採用的結構無一例外地是按國別分類；那些只敘述一個國家的筆記，除了以記錄某事件爲線索的筆記之外，採用的結構有點類似正史中「志」的結構，但是比正史的結構更爲散亂。

## 二、元代國外題材筆記的基本情況

國外題材筆記在元代作爲一個較有時代特點的作品類別，其興起與發展離不開元代政治、經濟、社會文化背景，尤其是元代的國力、交通、技術與觀念。在這些因素推動下，元朝對外交流達到了一個前所未有的盛況，成爲中國歷史上對外關係發展的一個極盛時代。這首先得益於元朝政治軍事的強大。元廷建立了一個橫跨歐亞的大帝國，不僅有利於勢力範圍內各國各民族間的交往，也有利於元朝人與勢力範圍之外的各國進行交流。其次，元帝國在交通方面也具備了前所未有的發展，陸路、海路交通範圍比前代擴大，與國外的來往也更加密切。元人王禮形容其時「適千里者如在戶庭，之萬里者如出鄰家」〔註6〕，足見交通之便利。再次，元代的航海技術、航海設備與以前相比有了很大進步，這使得遠洋航行更爲頻繁，所到達的距離也更遠。三國時，吳國大船「大者長二十餘丈，高去水三二丈，望之如閣道，載六七百人，物出萬斛」〔註7〕。有學者認爲，中國船隻早在 3 世紀時已訪問波斯灣。〔註8〕到了元代，海船「分大中小三級，大者有船員千人，即水手六百，衛兵四百。有三帆至十二帆，皆以篾編成，並有隨行船相隨。」〔註9〕最後，元代政治傢具有一種「奄有天下」的雄心與胸懷。與以前的朝代相比，他們的視

---

〔註 6〕 王禮《麟原文集》，清文淵閣《四庫全書》本，前集，卷六，《義塚記》。
〔註 7〕 李昉《太平御覽》（《四部叢刊》三編景宋本）卷七六九引萬震《南州異物志》。
〔註 8〕 《島夷志略》，中華書局 1981 年版，第 2 頁。
〔註 9〕 《島夷志略》，中華書局 1981 年版，第 7 頁。

野得到了進一步開拓，胸襟進一步擴大。在這種心理背景下，元朝統治者對於國內貿易和國外貿易都持支持態度，對國外的宗教、文化採取兼容並蓄政策，這種政策態度有利於東西經濟和文化的交流，使得中國的對外交流達到了一個空前的盛況。在這一背景下，部分有國外遊歷經歷的文人，將見聞記錄下來，導致了元代國外題材筆記的批量產生。

從現存的元代國外題材筆記，以及雖佚但書名及一些相關信息卻保存下來的元代國外題材筆記來看，這一類作品涉及的國家數量很多，範圍很廣。東有日本、高麗等國，西有西域一些國家，南方和東南方有安南、緬甸、眞臘等國。此外還有諸多或者存在或者並不存在的島國。《島夷志略》所記的主要國家有220多個，《異域志》所記的主要國家有210個，範圍涉及亞、非、歐各洲。這在元代之前的筆記作品中（不考慮《山海經》之類的傳說類作品），是從沒有過的。這些國家有相當一部分建立在作者的實地考察的基礎之上，則更是以前的筆記無法企及的地方。

現存的元代國外題材筆記主要有七種：《眞臘風土記》、《安南志略》、《安南行記》、《元高麗紀事》、《皇元征緬錄》、《島夷志略》、《異域志》。

《眞臘風土記》一卷，周達觀撰。周達觀號草庭逸民，浙江溫州永嘉人，生平事蹟不詳。他於元貞二年（1296）隨使節團出使眞臘（今柬埔寨），在吳哥逗留約一年，於大德元年（1297）六月啓程回國，八月抵達四明（今浙江寧波）。他回國後撰成《眞臘風土記》。全書約 8500 字，除總敘之外，分 40條。該書詳細記載自己的行程及途徑、當地都城情況、風土人情等。《眞臘風土記》記載內容詳細並翔實可靠，對認識眞臘歷史、元朝與眞臘的關係頗具史料價值。《元史·外國傳》中沒有關於眞臘的記載，因此四庫館臣稱此書「文義頗爲賅贍」，可補元史佚闕。《眞臘風土記》是現存與眞臘同時代者對柬埔寨的唯一詳細記錄，對現代研究眞臘及吳哥文明起了非常重要的作用。

《安南志略》原本二十卷，現存十九卷，黎崱撰。黎崱（1261～約1342），字景高，越南陳朝清化府（今越南清化省）東山人，世稱黎東山，又稱飄然樓主人。他曾任靜海軍節度使陳鍵的幕僚，後隨陳鍵投降元軍，入元並獲授官職。晚年時，他撰成《安南志略》一書。該書內容廣泛，涉及越南歷代政治、文化、軍事及對外關係等多個範疇，是現今研究越南古代史的重要典籍。這十九卷的內容圍繞著中越關係進行組織，除卷一介紹安南的地理和地方建制，卷十一至卷十三介紹歷代越南王朝的歷史，卷十四、十五介紹越南教育、

政治、人物、出產等，卷十八記錄越南歷代文人詩之外，其餘卷都涉及到中越關係：中越兩國自古以來的文書來往、使節互派、交戰情況；中國歷代駐越的行政長官和遷越的士大夫；兩國詩文交流等等。卷十九有黎崱自傳，以及作者歌詠中越宗藩關係的文章。有學者認為，所佚為第二十卷「題辭」。《安南志略》是現存較早的一部越南歷史典籍，因其範圍廣闊、內容豐富，被學者武尙清譽為「一部頗具規模的越南通史」〔註10〕。

《安南行記》一卷，徐明善撰。徐明善字志友，號芳谷，鄱陽人。生卒年均不詳，約1294年前後在世。他與其弟徐嘉善以理學知名於世，稱「二徐」。至元中，官隆興教授和江西儒學提舉。嘗奉命出使安南。著有《芳谷集》二卷。《安南行記》一作《天南行記》，記至元二十五年（1288）冬十一月，徐明善作為副使隨山北遼東道按察司劉廷直、禮部侍郎李思衍出使安南一事。該作品篇幅不長，約3000多字。主要內容有四部分：一，安南國世子苦於元兵進犯，向元帝忽必烈稱臣示忠的表；二，忽必烈給安南世子的回表；三，徐明善等人出使安南的行程；四，安南世子在此次元人出使結束後給元帝所上的表，表後附有安南貢物清單。《安南記行》有宛委山堂《說郛》本、商務印書館排印《說郛》本等。

《元高麗紀事》一卷。作者佚名〔註11〕。全書約一萬六千字〔註12〕，紀元朝前期與高麗國交往之事。紀事始自元太祖皇帝（鐵木眞）十一年（1216）契丹人入侵高麗，終於成宗皇帝大德五年（1301）二月罷元在高麗所設征東行省。事件按時間順序羅列，詳略結合，敘述簡明。書前有一段概述性文字，記這一時期兩國關係之大略，可視為本書概要。書末附有《耽羅》一條，記元朝與耽羅之關係。現存有上海倉聖明智大學民國時期廣倉學宭鉛印本。此書是記錄元朝與高麗關係的重要的歷史資料。據書末王國維之跋語，此書為「元《經世大典·政典》中征伐類高麗一門，萍鄉文道希學士從《永樂大典》卷四千四百四十六鈔出」。又評價說「《元史·高麗傳》亦據此修，而簡略殊甚。《元文類》亦僅載敍錄一篇，今《永樂大典》散佚，此卷已成孤本」。〔註13〕可見此書價值地位。

---

〔註10〕黎崱著，武尙清點校《安南志略》，中華書局2000年版，前言，第3頁。

〔註11〕筆者認為作者可能為虞集，待考。

〔註12〕包括書首之概述文字之字數（300餘字）及書末所附《耽羅》一條之字數（約1000字）。

〔註13〕《元高麗紀事》，上海倉聖明智大學民國時期廣倉學宭鉛印本，跋。

《皇元征緬錄》一卷，作者佚名〔註14〕。又稱《元朝征緬錄》，內容來自於《經世大典》。所載為至元年間至大德時元軍征緬甸之事，《元史·緬傳》內容多與其相同。另書中有一部分內容，《元史》中未見，因此又可與《元史》相補。有《元文類》本、《宛委別藏》本和《守山閣叢書》本。

《島夷志略》一卷，汪大淵撰。汪大淵，字煥章，江西南昌人，他約生於至大三年（1310）或四年，卒年不詳。他曾兩次隨商船遊歷東西洋多國多地，所到之處，皆記其山川、習俗、風景、物產以及貿易等情況。至正九年（1349）他路過泉州，適泉州路達魯花赤修《清源續志》一書，請汪大淵著書介紹國外情況，他撰成《島夷志》，附於《清源續志》之後。《島夷志略》原名《島夷志》，是一部主要記述海外諸島國見聞的筆記著作。正文共一百條，每條主記一國或一地，兼及他地。書中提及的亞洲、非洲的國家與地區達二百二十多個，詳細記載了其風土人情、物產、貿易，是不可多得的寶貴歷史資料。這些記載對於後人瞭解元代的對外交流有重要參考作用。該書對明代地理書籍有很大的影響。隨鄭和下西洋的翻譯官費信所著《星槎勝覽》，其內容很多抄自《島夷志略》。明代地理學家張燮撰寫的《東西洋考》也引用了《島夷志略》。

《異域志》二卷，周致中撰。周致中，生卒不詳，曾任元朝知院，並六次出使外國。《異域志》原名《贏蟲集》，經後人重編，改名為《異域志》。《異域志》著錄二百一十個國家和民族，編為一百七十五條，主要雜論其地理、風俗、物產等情況。所記範圍涉及亞洲、非洲、歐洲地區。《異域志》引用參考了元之前的大量資料，其所據書籍中有一些後來佚失，其部分內容通過《異域志》得以保存。

元代有些出使外國的文人，用詩歌或者文章的形式記錄了出使的情況和出使國的風土人情。這些詩文有時結為專集，文體上看雖非筆記，但所記內容卻與筆記內容相類。因此在這裏稍帶提及。此類有代表性的著作，已佚的有智熙善《越南行稿》，現存的有陳孚《交州稿》與傅若金《南征稿》。

智熙善字子元，鎮陽人，「以多學濟卓犖之才」〔註15〕。《元史·本紀·順帝》云：「元統二年春正月……遣吏部尚書帖住、禮部郎中智熙善使交趾，以《授時曆》賜之。」〔註16〕有人認為這次出使的主要使命是宣即位詔書，

---

〔註14〕筆者認為作者可能為虞集，待考。

〔註15〕許有壬《至正集》，文淵閣《四庫全書》本，卷三十。

〔註16〕宋濂《元史》，乾隆武英殿刻本，卷三十八，本紀第三十八。

當是有史可考的、元代歷史上最後一次遣使安南。〔註17〕其出使之事又載於
《安南志略》卷三《大元奉使》，詔書見於《安南志略》卷二《大元詔制》。
智熙善將出使期間所作詩歌輯爲《越南行稿》，請序於許有壬。該書今佚，《元
詩選》（癸集之己集）中存有其詩二首，《安南志略》卷十七亦錄有此二首詩。

　　陳孚別集《陳剛中詩集》中收有《交州稿》，記出使安南之事，其中《安
南即事》一首五言長詩，夾有詩注，詳論越南的歷史、物產、風俗等。〔註18〕
《四庫全書總目》著錄「《安南即事詩》一卷」，實爲《交州稿》中的《安南
即事》〔註19〕。《安南志略》卷十七亦載錄陳孚詩兩首，其中一首爲無題七絕，
此詩在《交州稿》中題名爲《江州》；另一首爲七律《離交州與丁少保》，在
《交州稿》中亦存，然詩題不同。

　　傅若金，字與礪，又字汝礪，新喻人。至順三年（1332）以布衣遊京
師，詩文頗著，經虞集等人推薦，爲人所重。元統三年（1335），吏部尙書
帖住、禮部郎中智熙善使安南成行，而以傅若金輔行。其年秋七月離京，
次年夏還京。道途所經地理、建築、風俗，凡有所感，便訴諸詩歌，積百
餘篇。傅若金逝於1343年，這部分作品因爲一開始曾由其內弟孫宗玉彙錄
整理，得以保存。《四庫全書總目》云：「其詩法授於同郡范梈，虞集、宋
褧以異材薦佐使安南。還，除歸廣州文學教授。至正三年卒，年僅四十。
所著詩集有《初稿》、《南征稿》、《使還新稿》、《牛鐸音》等編，范、虞諸
人皆嘗爲之序。」〔註20〕其中《南征稿》爲其出使詩歌之集，有序談及出
使經歷和詩稿大概。

## 第二節　元代國外題材筆記的一般內容及價值地位

　　元代國外題材筆記從所記對象（地區）上看有兩類。一類是專記一國之
事，有《眞臘風土記》、《安南志略》、《安南行記》、《元高麗紀事》、《皇元征
緬錄》五部；另一類是雜記多國多地或多個民族，有《島夷志略》和《異域
志》。從所記內容上看，主要有兩大類：一類是記風土人情，包括文化生活、

〔註17〕劉玉珺《中國使節文集考述——越南篇》，載於《首都師範大學學報（社會科
　　　　學版）》2007年第3期。
〔註18〕陳孚《交州稿》，見《陳剛中詩集》，明鈔本。
〔註19〕永瑢《四庫全書總目》，乾隆武英殿刻本，卷一百七十四，集部二十七。
〔註20〕永瑢《四庫全書總目》，乾隆武英殿刻本，卷一百六十七，集部二十。

國家制度、經濟狀況等方面，記風土人情時，主要側重於記其「異」，即記其特點。另一類是記中外關係，即記錄元朝及元朝之前所記地區與中國的交往情況。其中，一般而言，第一類內容是重點，占內容的絕大多數。《眞臘風土記》、《島夷志略》、《異域志》皆屬此類。但在有的筆記中，中外關係是記錄重點，如《安南志略》在記風土人情的同時，也用大量的篇幅記載了安南與中國交往的情況；記交往的文字在數量上甚至多於記風土的文字。《安南行記》、《元高麗紀事》、《皇元征緬錄》也是以記中外關係爲主，只是這三部筆記篇幅較短，與前述作品相比影響較小。

## 一、元代國外題材筆記的一般內容

### （一）異域風土

元代國外題材筆記所記異域風土，主要包括文化生活、經濟狀況、國家制度三個方面。

### 1、文化生活

對文化生活進行描述，是元代國外題材筆記的一個重點內容。元代國外題材筆記描繪了豐富多彩的異域文化。《眞臘風土記》記載了 13 世紀末眞臘國的文明狀況，那時吳哥王朝正處於鼎盛時期，文化發展和居民生活達到一個比較高的水準。《眞臘風土記》用大約 17 條的內容，介紹了眞臘國人民的文化生活，涉及人物、風俗、語言、奇事等幾個方面。眞臘人的風俗習慣是書中的一個重點。如「正朔時序」一條主要介紹了眞臘人一年四季的節日與相關習俗。眞臘人「每月必有一事」，他們以中國十月爲正月，有盛大的慶祝活動。其他月份的活動，有的規模也很宏大，如五月的迎佛水，「聚一國遠近之佛，皆送水來與國主洗身」。又如九月的「壓獵」：「壓獵者，聚一國之眾皆來城中，教閱於國宮之前。」〔註21〕此外，「死亡」、「澡浴」、「三教」等都描述了眞臘人獨特的風俗習慣。

介紹文化生活，特別是文化狀況，是《安南志略》最突出的內容。《安南志略》在介紹安南國的文化生活時，主要包括兩方面：一是用「風俗」、「古跡」、「測景」、「學校」、「章服」、「人物」等篇專門加以介紹；二是用了三四卷專門記錄當時安南文人的詩文創作，以及元朝文人與安南有關的創作與活

---

〔註21〕《眞臘風土記》，中華書局 2000 年版，第 121 頁。

動。後一個方面，是《安南志略》在記述文化生活題材時與同類筆記相比而表現出的一個特點。

《安南行記》、《元高麗紀事》、《皇元征緬錄》三書，主記政府關係，涉及人民文化生活的內容很少。《島夷志略》和《異域志》記錄多國多地，就每一國一地而言，內容顯然比《真臘風土記》、《安南志略》遠爲簡略。《島夷志略》和《異域志》在一國內容上所費筆墨既少，則所記內容更爲集中，尤其集中於記文化生活之獨特。《島夷志略》所記內容，一般包括地理、人物、生活、生產、貿易幾個方面，其中人物、生活兩個方面，就屬於文化生活領域。《異域志》則更爲簡略，雖主記地理、物產、人物、風俗幾個方面，但就一國一地看，這幾個方面的內容往往並不齊備。《異域記》中人物、風俗兩個方面，就屬於文化生活領域。

每部筆記都有專門的篇幅對文化生活進行介紹。在專門篇幅之外，這種文化生活的描述，有時也會夾雜在其他內容中進行。如《真臘風土記》在介紹建築時，間以簡略議論，或者雜以民間傳說。如提及國宮中的金塔時，敘述了九頭蛇精的傳聞。〔註 22〕這種內容夾雜的現象，在記錄多個國家的筆記如《島夷志略》、《異域志》上表現得更爲明顯。

在介紹文化生活時，元代國外題材筆記通常側重於記述其「異」。這個「異」既有「匪夷所思」之意，但更多的是「獨具一格」（與中國相比）之意。因此，雖然這些國外題材筆記的作者在寫作時著重關注的是國外風土與中國風土之異，但基本態度還是寫實，內容上涉及一些奇聞傳說，但「匪夷所思」之事在全書中一般並不多見，間有提及，也是以寫實的態度進行敘述。

### 2、經濟狀況

經濟狀況是元代國外題材筆記的又一重點。元代國外題材筆記介紹國外經濟狀況，可以從自然經濟和社會經濟兩個方面看。在自然經濟方面，側重於介紹地理位置、山川河流、氣候生物等。在社會經濟方面，側重於介紹農業、畜牧業、商業貿易等行業，有時也涉及工業領域。

《真臘風土記》有約 18 條的內容專門介紹該國經濟狀況，所涉行業包括自然經濟狀況、農業、建築業、商業、器用等。由於這種經濟活動和文化生活一樣，都是與人的日常行爲密切相關的，所以經濟狀況的內容常與文化生

---

〔註22〕《真臘風土記》，中華書局 2000 年版，第 64 頁。

活的內容結合在一起進行介紹。如介紹車轎、舟楫、鹽醋等物品時，往往會順帶提及物品在日常生活的應用情況，這種應用情況就與文化生活有關。

《安南志略》介紹安南國的經濟狀況，側重於自然經濟方面。在自然經濟情況方面主要有卷一的「山」、「水」等條，以及卷十五的「物產」一條。介紹社會經濟情況的則不多，主要爲卷十五「物產」一條中的小部分內容。總體而言，經濟狀況在《安南志略》的內容中所佔比重較低。

《安南行記》、《元高麗紀事》、《皇元征緬錄》三書，基本上缺少經濟狀況的記載。僅《安南行記》末尾有安南國世子向元廷進呈的貢物表，算是與其國經濟物產有關。

《島夷志略》所記經濟，主要包括地理、生產、貿易三方面。其中地理方面一般記地理位置、山川河流、氣候等，生產方面一般記農業耕種、鹽酒等工業、物產等，以物產爲主。貿易是《島夷志略》在諸元代國外題材筆記中的一個特色內容。書中往往詳細介紹其地的商品和貨幣，有時還介紹貨幣兌換與一些交易情況。如「交趾」一條記載：

> 貿易之貨，用諸色綾羅匹帛、青布、牙梳、紙扎、青銅、鐵之類。
> 流通使用銅錢，民間以六十七錢折中統銀壹兩，官用止七十爲率。
> 舶人不販其地，惟偷販之舟止于斷山上下，不得至其官場，恐中國人窺見其國之虛實也。〔註23〕

此條介紹貿易時，不僅詳述商品與貨幣，還提及元朝貨幣與該國貨幣的兌換比率，以及交趾與中國人貿易時的獨特心態與習慣。

《異域志》所記經濟，主要表現在地理、物產兩方面，偶爾也涉及其他如建築、商業等。

### 3、國家制度

元代國外題材筆記所記各國制度，主要指軍政制度，包括政治與軍事兩個大的方面。有的筆記如《真臘風土記》、《安南志略》在國家制度方面所用篇幅較多，往往有專門介紹。有的筆記的主要內容是記軍政活動，如《安南行記》、《元高麗紀事》、《皇元征緬錄》，其內容屬於國與國之間的軍政活動，即屬於國家關係領域。其中也可以看出該國的軍政制度即軍政活動的一般情況。

---

〔註23〕汪大淵《島夷志略》，光緒十八年龍鳳鑣《知服齋叢書》本。

　　《真臘風土記》所記國家軍政制度者約 5 條，包括官屬、屬郡、村落、國主出入、軍馬等。介紹官屬時，側重於等級與儀仗；介紹屬郡時，側重於郡名；介紹村落時，涉及人口狀況、管理、設施及軍事等內容，但所記極簡略。「軍馬」一條主要記載裝備與交戰風格。「國主出入」在各條中篇幅最長，詳細記錄國主出行時的盛況。〔註24〕

　　《安南志略》用大量篇幅介紹了安南國的軍政制度和軍政活動，特別是政治制度與官員的政治活動。卷一「郡邑」、「唐安南都護元隸州郡」、「邊境服役」介紹行政機構；卷四介紹軍事活動；卷七至卷九記古代官員；卷十四「官制」、「刑政」、「兵制」介紹職官、法律、軍職等。而以介紹官僚家族更替與國際關係的最多。卷十一至卷十三介紹主政的歷代世家；卷二、卷三、卷五、卷六記國際交往，包括詔命書表、中國使節等。卷十四「歷代遣使」記安南出使之人。卷十六至卷十八記中國、安南兩國文人創作中與兩國交往有關的作品。

　　《安南行記》、《元高麗紀事》、《皇元征緬錄》三書主記政府關係，在這些國家與元朝關係的敘述中，可以透露出其國家制度方面的一些信息。如《安南行記》中所記元帝與安南國世子之間的往來書表，反映出兩國政治的某些狀況。

　　《島夷志略》和《異域志》，主記經濟與風俗，記錄軍政制度方面的內容很少。僅個別國家可能以此為主。如《異域志》中「單馬令」一條：「其國有酋長，無王。宋慶元間，進金五壇，金傘一柄。元求其利，不至。國人多富，尚寶貨，則利為酋豪。」〔註25〕此條主要記載國內政治關係與國際關係。又如《異域志》中《烏萇國》一條，主要敘述法律執行方面的獨特方式，屬於法律制度，實際上也可視為風俗習慣方面的內容。〔註26〕

### （二）中外關係

　　元代國外題材筆記作為漢文筆記，所記對象主要是國外地區，而作者一般皆為中國人（黎崱本安南人，但定居中國），因此，筆記的內容就會或多或少地涉及中國特別是元朝與這些國家的關係。元代國外題材筆記所記中外關係，包括軍事、政治、經濟、文化等多個方面。其中軍事、政治關係占主要地位。

〔註24〕《真臘風土記》，中華書局 2000 年版，第 183 頁。
〔註25〕《異域志》，中華書局 2000 年版，第 40 頁。
〔註26〕《異域志》，中華書局 2000 年版，第 50 頁。

　　蒙古貴族佔據中原之後，建立了一個強大的具有不斷擴張特性的政權。它先後消滅了幾個鄰國，統一了中華大地，並且雄心不已地將觸角伸向更遠的地區。向北是嚴寒與荒蕪之地，沒有征服的價值；向東是大海，發展空間不大；向南是茂密的叢林，以及北方人難以適應的氣候與地形，善於馬上作戰的蒙古人沒有用武之地；只有向西，才是蒙古鐵騎的天堂。好戰的蒙古人一直向西打到了歐洲，成就了一個空前絕後的大帝國。在元代，中國人征服天下的雄心壯志得到了前所未有的激發，所向披靡的西征經歷更是助長了這種雄心的膨脹。然而，元人在西征過程中也逐漸意識到，國與國之間的關係，除了武力征服，還有許多別的方面。針對東南亞各國，元朝政府採取的是遣使策略。特別是當進兵不利之後，遣使交往更是成為主要策略。在與安南的關係方面，從蒙哥到忽必烈統治時期，元朝曾先後三次入侵安南，但最終因為不適應天氣和地形複雜等原因退兵。使諸多西亞與歐洲列國臣服於己的元廷從來沒把安南這樣的東南亞小國放在眼裏，當然不甘心於這種失利，於是策劃著第四次進兵。忽必烈死後，頭腦相對清醒的成宗一朝統治者中止了對安南的第四次進兵計劃。安南王朝雖然拒絕了元朝提出的六條約束，但是長期保持對元的臣服與進貢。

　　眞臘與中原「舊為通商來往之國」〔註27〕，我國很早就與柬埔寨有過交往。柬埔寨地區，我國漢代稱為「扶南」。東吳黃武四年（225）扶南國王遣使來吳國，獻琉璃。孫權派遣中郎康泰出使扶南國。西晉、東晉、南朝梁時，扶南國都有遣使來朝的記錄。後來扶南國被崛起的眞臘國所滅。隋大業十二年（616），眞臘國王派遣大使朝貢。此事記載在《隋書》中，這是我國史書中最早關於「眞臘」這一國名的記錄。〔註28〕此後，我國史書一直稱之為「眞臘」，直到15世紀吳哥時代結束後，我國對眞臘國的稱呼才改成「柬埔寨」。唐宋時期，中國與眞臘不僅有使節來往，而且貿易也逐漸發展起來。唐玄宗、唐代宗時，眞臘王子、副王先後訪問唐朝，唐玄宗還曾贈予眞臘王子「果毅都尉」的稱號，唐代宗給副王賜漢名「賓漢」。〔註29〕到了元朝，這種交往進入一個新的階段，有了新的特點。元朝最初的想法是想征服眞臘國。曾遣使

---

〔註27〕《眞臘風土記》，中華書局2000年版，第16頁。

〔註28〕見魏徵《隋書》，乾隆武英殿刻本，卷四帝紀第四。觀點參《眞臘風土記》中華書局本《序言》第1頁。

〔註29〕歐陽修《新唐書》，乾隆武英殿刻本，卷二百二十二下，列傳第一百四十七下，南蠻，眞臘。

招附，但沒有成功，派去的使臣被眞臘拘執。不過，眞臘並不願意認眞與元朝對抗，至元二十二年，眞臘與占城向元廷貢「樂工十人及藥材、鱷魚皮諸物」〔註30〕，可見也許是屈於元廷的強大，眞臘國加入了向元廷進貢的國家行列。

元朝與東南亞其他國家的關係也與此類似。至元十五年（1278），占城內附，元朝封其國王爲占城郡王。四年之後，忽必烈命右丞唆都即其地立行省。唆都立行省一事，在《眞臘風土記》中也有記載。後來，占城王子拘執元朝派往其他國家的使節以示對元廷的反抗，元廷命唆都征討占城。但此次出兵失利，因此占城行省不得不廢止。然而，此後占城依然經常遣使到元廷進貢以示友好之意。

與此類似的國家還有暹國、羅斛等。元朝時，中國同暹國來往密切。至元十九年（1282），忽必烈命人出使暹國，使者的船經過占城時被占城王子所拘執，此事導致元廷與占城關係交惡。至元二十九年（1292），廣東宣慰司將暹國國王所上的金冊送到大都，第二年，朝廷又遣使招諭暹國。元成宗及其後，史載暹國遣使來朝至少七次：元貞元年（1295），大德元年（1297），大德二年或大德三年（1299），大德四年（1300），延祐元年（1314），延祐六年（1319），至治三年（1323）。這一時期，兩國來往空前密切。元貞元年，暹使來華進金表，元帝「以暹人與麻里予兒舊相仇殺，至是皆歸順，有旨諭暹人勿傷麻里予兒，以踐爾言」〔註31〕。可見，元廷同時還扮演著國際關係調停者的角色。

《皇元風雅》卷二十二有王東《暹國回使歌》。詩前有序：「暹，赤眉遺種，天曆初，嘗遣使入貢。今天子嗣位，繼進金字表章、九尾龜一、象、孔雀、鸚鵡各二。朝廷以馬十匹賜其國王，授使者武略將軍、順昌知州。使者，錢唐人。江東羅儆作歌，僕遂和之。」全詩如下〔註32〕：

> 江東先生遠叩門，口誦暹國回使歌。
>
> 高秋夜靜客不寐，歌辭激列聲滂沱。
>
> 東南島夷三百六，大者只數暹與倭。
>
> 暹人云是赤眉種，自昔奔竄來海阿。

〔註30〕宋濂《元史》，乾隆武英殿刻本，卷十三，本紀第十三。
〔註31〕宋濂《元史》，乾隆武英殿刻本，卷二百一十，列傳第九十七，外夷三。
〔註32〕蔣易《皇元風雅》，清嘉慶《宛委別藏》本，卷二十二。

先皇在位歷五載，風清孤嶼無揚波。

方今聖代霈德化，繼進壞貢朝鸞和。

紫金爲泥寫鳳表，靈龜馴象懸鳴珂。

彤廷懷遠何所賜，黃驪白駱兼青騧。

卉裳使者錢唐客，能以朔易通南訛。

遙授將軍領州牧，拜舞兩頰生微渦。

樓船歸指西洋路，向國夜夜瞻星河。

金雞喁唶火龍出，三山宮闕高嵯峨。

番陽驛吏親爲説，今年回使重經過。

先生作歌既有以，卻念黎獠頻驚吒。

田橫乘傳嗟已矣，徐市求仙□尒詑。

豈如暹國效忠義，勳名萬世同不磨。

羅斛國在暹國以南，與元廷也有來往。僅在周達觀出使眞臘的前後十年間，史載羅斛入貢元廷至少五次：至元二十六年（1289），至元二十八年，元貞二年（1296），大德元年（1297），大德二年或大德三年。後來，羅斛國滅暹國，稱爲暹羅。

　　元代國外題材筆記作品，與正史等史著、詩歌等作品一樣，一起映像出中外關係的複雜豐富。從筆記作品看，《安南志略》、《安南行記》、《元高麗紀事》、《皇元征緬錄》四書，記錄中外關係的內容較多，其中後三者可以說是專記中外關係之作。《安南志略》記錄元朝與安南關係的內容，也占全書的 2／3 以上（卷七至卷九記安南一地歷代守官，因爲其地有時屬中國管轄，因此也可視爲涉及兩國關係的內容）。《眞臘風土記》記錄兩國關係的內容也有不少，但除《總敘》外，皆比較分散，散見於其他方面的內容之中。《島夷志略》、《異域志》中涉及中外關係的內容也有一些，但是不多。

## 二、元代國外題材筆記的價值地位

### （一）元代國外題材筆記的價值

　　筆記的價值，是指筆記對於政治、經濟、社會生活、文人活動等各方面的影響。筆記是一種應用廣泛的文體，內容涉及面廣，具有重要的歷史價值、思想價值、文學藝術價值。

元代國外題材筆記具有突出的歷史價值。它是國外文化的忠實記錄，是元代對外關係的映像。它具有保存歷史的功能，不僅可以作爲正史的必要補充，有時甚至成爲歷史的唯一記錄。楊鐮先生曾說：「筆記是歷史的細節。」可以說，筆記既是歷史的伴生物，又是歷史的印證和生動寫照。

元代國外題材筆記，保存了國外豐富翔實的歷史發展情況。東南亞與南亞地區的一些國家，它們有較長的歷史，但是缺乏悠久的史學傳統。如印度是世界四大文明古國之一，但在古代長期缺乏成系統的史書專著。印度的中古史，主要是靠中國人寫的《大唐西域記》記錄下來的。

以柬埔寨爲例，它的中古史的許多細節，是靠中國人的一部著作才得以恢復的。柬埔寨建國於公元 1 世紀，至今已有約兩千年的歷史。舉世矚目的吳哥文明，就是由古代的柬埔寨人民——高棉人創造的。吳哥是高棉帝國之都。吳哥王朝始建於公元 9 世紀初，在 12 世紀前後達到極盛。對於吳哥王朝，我國史書仍沿用之前對該國的稱呼：眞臘。15 世紀，因爲受到安南和暹羅的攻擊，高棉人放棄吳哥，遷都金邊。從此吳哥古都便逐漸掩藏在叢林中，基本無人問津。直到 19 世紀中葉，法國人在叢林中發現了這座古城，吳哥文明才重見天日。然而，關於吳哥時代的文明狀況，高棉人並沒有訴諸史書專著。幫他們詳細記錄那個時代風土人情的，是元人周達觀。

又以越南爲例，自漢、唐至宋、元，我國紀載越南地區的歷史、地理類著作，多至 40 餘種，但幾乎全部亡佚。而黎崱《安南志略》保存至今，且內容豐富詳實，成爲研究越南歷史的重要史料。

清姚瑩《康輶紀行》云：

> 自來言地理者，皆詳中國而略外夷。《史記》、前後《漢書》，凡諸正史，「外夷列傳」多置不觀，況外夷書乎。然今存者，宋釋法顯《佛國記》乃異域傳書之始。自是而唐釋元奘、辨機有《大唐西域記》十二卷，宋徐兢有《宣和奉使高麗圖經》四十卷，趙汝适有《諸蕃志》二卷，朱輔有《溪蠻叢笑》一卷，元周達觀有《眞臘風土記》一卷，汪大淵有《島夷志略》一卷，明董越有《朝鮮賦》一卷，黃衷有《海語》三卷，張燮有《東西洋考》十二卷，西洋艾儒略有《職方外紀》五卷，鄺露有《赤雅》一卷，朝鮮無名氏有《朝鮮志》二卷，西洋南懷仁有《坤輿圖說》二卷，國朝圖里琛有《異域錄》一卷、《皇輿西域圖志》五十二卷、《皇清職貢圖》九卷、《滿洲源流考》

十二卷、《盛京通志》一百二十卷、《熱河志》八十卷、《蒙古源流》八卷，陳倫烔有《海國聞見錄》二卷，王大海有《海島逸志》二卷，七十四有《西域聞見錄》四卷，松筠有《綏服紀略》一卷，和泰庵有《西藏賦》一卷，近時徐松有《新疆賦》一卷，及魏默深《海國圖志》六十卷出，而海夷之說乃得其全焉。右華人著外夷地理書。〔註33〕

這裏所列的列代邊疆及國外題材筆記，集中了這一領域的相當一部分代表性作品。元代列了《眞臘風土記》和《島夷志略》兩部。可以說，包括元代在內的歷代國外題材筆記，在記錄歷史方面，對正史起著必不可少的補充作用。

元代國外題材筆記同時具有重要的思想價值。這不僅表現爲通過內容所反映的筆記所記對象所具備的人文精神和人文情調，而且表現爲作者通過筆記作品所映像的人文精神和人文情懷。《皇元征緬錄》作者有一段話：

> 臣作《政典》，見高麗有林衍、承化公、金通精之亂，今緬亦似之，
>
> 皆蕞爾國，而妻有弗靖，至煩朝廷兵鎮撫，可憐哉！〔註34〕

這種悲天憫人的情懷，也是筆記作品的精神所在。

元代國外題材筆記有時也具有一定的文學藝術價值。文學藝術價值是筆記作爲一種文體所採用的藝術形式特徵和文學品質。現存元代國外題材筆記的作者都具有較高的文學修養，表現在這些作品中，使得作品在具有史料功能的同時，也具有文學韻味。《眞臘風土記》在描述時的精準用詞，《安南志略》在敘事時的縱橫捭闔，《島夷志略》、《異域志》文筆之簡練，《元高麗紀事》、《皇元征緬錄》對大量材料所進行的精當的選擇剪裁，都是筆記這一文體文學性的表現。

### （二）元代國外題材筆記的地位

筆記的地位，是指筆記在文學史上的位置與作用。就某一特定領域的筆記（如元代國外題材筆記）而言，這種地位與作用包括三方面含義：一是指這種筆記在同時代筆記中的地位；二是指這種筆記在同時代乃至整個文學史上各種文體中的地位；三是這種筆記在整個文學史上同類筆記中的地位。研究筆記的地位，實際上是進行一種比較。這種比較既包括橫向比較（研究同一時代的不同文體之間的關係），也包括縱向比較（研究同類文體不同時代的變化）。

---

〔註33〕姚瑩《康輶紀行》，清同治刻本，卷九。

〔註34〕《皇元征緬錄》，江蘇古籍出版社 1988 年影印《宛委別藏》本。

　　元國外題材筆記在文學史中具有獨特的地位。元代國外題材筆記是元代筆記的一支異軍，它以獨特的異域風土和中外關係爲記載內容，在元代筆記中佔據著一個不可替代的位置。元代國外題材筆記是元代文學的一朵奇葩，它在元代爲主的各種文體中，不僅具備內容的獨特性，而且也具有文體的重要性，它是筆記這種文體形式和異域風土這種內容的結合。元代國外題材筆記是古代國外題材筆記的一面旗幟，它在整個古代國外題材筆記中，具有一種開拓型的貢獻，國外題材筆記在元代的成批出現，打破了國外題材筆記不成氣侯的舊格局，開拓了國外題材筆記大發展的新局面。

　　元代國外題材筆記在中國文化、中國歷史、中國文學中的這種價值和地位，與元代這一歷史時期在整個中國歷史中的地位是密不可分的。對比元代之前的中國對外關係，可以發現，元朝對外交流達到了一個前所未有的盛況。這種盛況，在元代國外題材筆記中可以得到體現。元代國外題材筆記作爲記錄和反映這種空前盛況的載體，在中國歷史文化長河中閃耀著獨特的光芒。

# 第二章　已佚元代國外題材筆記研究

　　本部分研究已佚元代國外題材筆記作品的流傳、保存情況，並就其中的一些關鍵問題進行探討，如首次論證《元貞使交錄》與蕭泰登所著《使交錄》爲同一書。

　　元代國外題材筆記的傳藏，包括流傳與收藏保存。流傳主要通過歷史上（古代）一些書目對筆記作品的著錄情況反映出來；收藏保存主要通過現存筆記作品在目前圖書館的存在情況反映出來。

　　據現有文獻的著錄來看，元代國外題材筆記本來創作的數量並不算少，然而，保存至今的卻不多，有相當一部分作品在流傳過程中佚失不存。已佚的元代國外題材筆記中，有代表性的爲《安南行記》（文矩著）、《元貞使交錄》、《耽羅志略》、《西域異人傳》、《高麗志》等。已佚的元代國外題材筆記，目前保存的信息主要有以下幾類：第一，通過書目保存的名稱、作者等信息。諸本《元史藝文志》及其他書目中可能著錄了此類作品的名稱、作者等信息。這些信息往往比較簡略。第二，通過史料類著作保存的關於作品及相關作者的信息。《元史》等史料類著作中，往往記錄了使節出使國外的情況，裏面有時會提及使者的相關創作，有些史料可能甚至保存了某部元代國外題材筆記中的部分內容。第三，通過筆記類著作保存的作品、作者信息。如《安南志略》一書，就保存了其他人出使安南並進行的相關創作情況。第四，通過總集、別集等形式保存的相關信息等。

# 第一節　論張立道《安南錄》當是文非書

## 一、張立道

張立道所著《安南錄》是現存的元代關於安南較早的作品。張立道（？～1298），字顯卿。其先陳留人，徙居大名。張立道於元世祖至元十年（1273）領大司農事，後又任大理等處巡行勸農使。又歷任臨安廣西道宣撫使、北京路總管、陝西行臺御史、雲南行省參知政事等職。元成宗大德二年（1298），卒於官。

張立道久在雲南任上，政績頗豐，深得民心。所著有《效古集》、《平蜀要論》、《安南錄》、《雲南風土記》、《六詔通說》等。宋濂《元史》卷一百六十七、魏源《元史新編》卷三十七、民國柯劭忞《新元史》卷一百七十二、清邵遠平《元史類編》卷二十六有張立道之傳，都提到了這些作品。另明李賢《明一統志》、清穆彰阿《（嘉慶）大清一統志》等書也有張立道之簡略傳記。

張立道曾三次出使安南，在議定安南歲貢之禮方面貢獻突出。宋濂《元史・列傳・張立道》所記張立道出使安南三次，前兩次較簡略，每次僅一兩句話。第一次為：「與侍郎寧端甫使安南，定歲貢之禮。」第二次為：「八年，復使安南，宣建國號詔。立道並黑水，跨雲南，以至其國，歲貢之禮遂定。」第三次較詳細，敘述了至元二十七年出使安南的緣起和經過，甚至有大段文字描述張立道與安南君臣的對話。〔註1〕

第一次出使的年份，史料記載不一致。宋濂《元史》所記不明確，但從前面的文字有「至元四年命立道使西夏」等內容可知，第一次出使安南在至元四年或以後。魏源《元史新編》、邵遠平《元史類編》等與《元史》基本相同。《新元史》中張立道傳所記自相矛盾：「至元二年為郎中奉使安南。（至元）四年……尋與侍郎寧端甫使安南。」〔註2〕《安南志略》所記其出使年份為至元二年。〔註3〕

第三次出使時間也有問題。諸史書記載為至元二十七年，而《安南志略》記載為至元二十八年：「至元二十八年，命禮部尚書張立道、兵部郎中不眼帖

---

〔註 1〕宋濂《元史》，乾隆武英殿刻本，卷一百六十七，列傳第五十四。
〔註 2〕柯劭忞《新元史》，民國九年天津退耕堂刻本，卷一百七十二，列傳第六十九。
〔註 3〕黎崱《安南志略》，光緒十年樂善堂本，卷三。同時也見《安南志略》中華書局 2000 年版，第 66 頁。

木兒，引其來人嚴仲維等還。」〔註4〕《安南志略》卷三《大元奉使》在敍述張立道這一次出使之後，有《附張尚書行錄》一文，首句即「至元廿八年辛卯十二月，自大都起程」〔註5〕。《安南志略》卷五《大元名臣往復書問》收有《張尚書立道顯卿與世子書》一文，首句也爲「至元二十八年」〔註6〕。明李文鳳《越嶠書》也錄有此文，爲《安南行錄》，文字基本同《安南志略》所載。〔註7〕因此，張立道第三次出使的年月，當以《安南志略》所記爲是。

《安南志略》中有張立道所作的一首未題詩名的七律：「遙望蒼煙鎖暮霞，市朝人遠隔喧嘩。孤虛庭院無多所，盛茂園林只一家。南注雄津天漢水，東開高樹木棉花。安南雖小文章在，未可輕談井底蛙。」〔註8〕清張豫章《四朝詩》也收有此詩（在卷四十三「元詩」七律部分），略有異文。然而此詩末兩句與《安南志略》同卷所收集賢學士梁曾貢甫所作的未題詩名的七律末兩句幾乎一樣（僅一字不同）。《越嶠書》中也是類似的情況，不知何故。

另姚燧《牧庵集》卷三十五收有組詩《挽雲南參政張顯卿四首（其祠在碧雞山）》，爲七言絕句。如下〔註9〕：

> 誰昔新知紫鳳山，正當持節日南還。
>
> 曾談不足能專對，不得深輸九虎關。
>
> 萬里橋西遠寄詩，但知相見可重期。
>
> 如今翻閱傷垂老，卻是幽冥永訣辭。
>
> 自非威信結夷蠻，祠廟誰修爨僰間。
>
> 從此旂裳具牲酒，不來徼福碧雞山。
>
> 人臣用世孰無能，由子非才不見稱。
>
> 觀此移忠與純孝，是家臺席有重登。

以上史料，除《張立道傳》提及作品時，有《安南錄》之外，都沒有進一步

---

〔註4〕《安南志略》，光緒十年樂善堂本，卷三。同時也見《安南志略》中華書局本，第 67 頁。

〔註5〕《安南志略》，光緒十年樂善堂本，卷三。同時也見《安南志略》中華書局本，第 69 頁。

〔註6〕《安南志略》，光緒十年樂善堂本，卷五。同時也見《安南志略》中華書局本，第 106 頁。

〔註7〕李文鳳《越嶠書》，明藍格鈔本，卷九。

〔註8〕《安南志略》，中華書局本，卷十七。

〔註9〕姚燧《牧庵集》，清武英殿聚珍版叢書本，卷三十五。

的關於張立道所著《安南錄》的資料。關於《安南錄》的資料，目前可見者主要是書目的著錄。

## 二、《安南錄》

據筆者不完全統計，著錄張立道《安南錄》的古代書目有：

表 2－1 《安南錄》著錄情況

| 序 | 著錄該筆記的書目 | 著錄該筆記的位置 | 著錄的情況（原文） | 書目的版本 |
|---|---|---|---|---|
| 1 | 清倪燦（1627～1688）《補遼金元藝文志》 | 地理類 | 張立道安南錄〔註10〕 | 清光緒刻廣雅書局叢書本 |
| 2 | 清黃虞稷（1629～1691）《千頃堂書目》 | 卷八地理類 | 張立道安南錄 | 文淵閣《四庫全書》本〔註11〕 |
| 3 | 金門詔（1736進士）《補三史藝文志》 | 雜史類 | 安南錄張立道撰 | 商務印書館《遼金元藝文志》1958 |
| 4 | 錢大昕（1728～1804）《元史藝文志》（約1800）〔註12〕 | 卷二地理類 | ○張立道安南錄 | 清潛研堂全書本 |
| 5 | 清魏源（1794～1857）《元史新編》 | 卷九十二志十之二地理類 | ○張立道雲南風土記六詔通說安南錄 | 清光緒三十一年邵陽魏氏慎微堂刻本 |
| 6 | 清曾廉（1856～1928）《元書》 | 卷二十三地理類 | 張立道雲南風土記六詔通說安南錄 | 清宣統三年刻本 |
| 7 | 雒竹筠遺稿、李新乾編補《元史藝文志輯本》 | 雜史類 | 安南錄張立道撰佚見《金補志》 | 北京燕山出版社，1999 |

〔註10〕本論文在成批羅列某部筆記的書目著錄情況時，由於關於著錄的內容比較集中，考慮到這些書目的版本在本論文末的參考文獻中皆有明確說明，易獲易查，所以爲免行文煩瑣，除少數情況筆者認爲有必要加注腳說明出處外，都不加注腳。同時，爲了眞實顯示原文，本論文在通過清單的方式成批羅列某書的相關著錄情況時，其著錄的內容皆不加標點；不是成批羅列著錄情況時，則除個別情況外，都加標點。上述兩點，下皆同。

〔註11〕本論文所提及的文淵閣《四庫全書》本，若無特別說明，皆據自臺灣商務印書館《景印文淵閣四庫全書》（2008年）。後面不再說明。

〔註12〕錢大昕《元史藝文志》，也稱《補元史藝文志》。

除了諸《元史藝文志》，著錄《安南錄》者僅《千頃堂書目》一種，此後便似乎不見記載。

筆者認為，實際上，上述各類史料中所謂的張立道所撰《安南錄》，即指《安南志略》卷三所載的《張尚書行錄》。它實際上只是一篇文章，而算不上一部書。《越嶠書》所載更明白，題為《安南行錄》。〔註13〕當然這只是一個推測，除了《越嶠書》的題目可以算是一點根據，筆者沒有其他的史料可資證明。

# 第二節　《元貞使交錄》和蕭泰登《使交錄》

元代以「使交錄」為名的著作，見於現存著錄的有二：《元貞使交錄》和蕭泰登《使交錄》〔註14〕。

## 一、《元貞使交錄》著錄

據筆者的不完全統計，著錄《元貞使交錄》的書目有：

表2－2　《元貞使交錄》著錄情況

| 序 | 著錄該筆記的書目 | 著錄該筆記的位置 | 著錄的情況（原文） | 書目的版本 |
|---|---|---|---|---|
| 1 | 錢大昕（1728～1804）《元史藝文志》（約1800） | 卷二地理類 | 元貞使交錄 | 清潛研堂全書本 |
| 2 | 清魏源（1794～1857）《元史新編》 | 卷九十二志十之二地理類 | 元貞使交錄 | 清光緒三十一年邵陽魏氏愼微堂刻本 |
| 3 | 清曾廉（1856～1928）《元書》 | 卷二十三地理類 | 元貞使交錄 | 清宣統三年刻本 |

《元貞使交錄》一書，雒竹筠遺稿、李新乾編補《元史藝文志輯本》有著錄，言其作者為何中，並注明其為佚書。〔註15〕

〔註13〕李文鳳《越嶠書》，明藍格鈔本，卷九。
〔註14〕元人陳孚《交州集》也偶被人稱為《使交錄》，但該集為詩集，而非文集，更非筆記作品。
〔註15〕雒竹筠遺稿、李新乾編補《元史藝文志輯本》，北京燕山出版社，1999年，雜史類，第110頁。

　　雒竹筠《元史藝文志輯本》認爲該書是何中所著，當誤。雒竹筠的根據，可能是錢大昕《元史藝文志》。錢大昕《元史藝文志》著錄此書時，原文如下：

　　　　○何中薊丘述遊錄一卷○元貞使交錄〔註16〕

錢大昕《元史藝文志》著錄時，不同著作之間用「○」隔開。每部著作先列作者，再列書名、卷數，有的再列作者簡介。由上可見，《元貞使節錄》沒有列出作者。曾廉《元書》著錄此書時，原文如下：

　　　　文子方安南行記禮部郎中安南副使　　元貞使交錄〔註17〕

該書著錄的體例與錢大昕《元史藝文志》基本一致，只是不同著作之間的間隔方式不同：曾廉《元書》中，不同著作之間用空格隔開。由曾廉《元書》可見，《元貞使交錄》沒有提及作者名，當爲佚名之作。雒竹筠《元史藝文志輯本》之所以會認爲其作者爲何中，可能是誤解《元史藝文志》中的著錄所致。陳佳榮先生在其「南溟網」上曾列有一個「《中國古代海外交通史料總彙》目錄」〔註18〕，其中《元貞使交錄》作者即爲「元佚名」。

## 二、蕭泰登《使交錄》著錄

　　蕭泰登《使交錄》是一部以日記的方式記錄出使安南的行程和沿途風物之作。該書已佚。蕭泰登（1265～1303）字則平，號方崖，祖籍長沙，後居於盧陵太和。盧摯有《臺薦御史蕭泰登狀》一文，程鉅夫有《監察御史蕭則平墓誌銘》一文，元袁桷《清容居士集》有《蕭御史家傳》一文，皆述其生平。于成龍《江西通志》卷三十六「吉安府志」有其簡傳。元張鉉《（至大）金陵新志》卷六在「監察御史」條有「蕭泰登奉直大德七年上」任職的記錄〔註19〕。清錢保塘《歷代名人生卒錄》卷六提及「蕭泰登，大德七年八月十五日卒，年三十八」〔註20〕。

　　關於蕭泰登出使安南一事，《元史》、《元書》等皆載。曾廉《元書》載：「會明年，帝崩，成宗即位，乃寢兵，歸其使。日燇即遣使慰國哀，並獻方

<hr>

〔註16〕錢大昕《元史藝文志》，清潛研堂全書本，卷二。爲了盡量眞實顯示原文版式，不加標點。

〔註17〕曾廉《元書》，清宣統三年刻本，卷二十三。爲了盡量眞實顯示原文版式，不加標點。

〔註18〕見陳佳榮「南溟網」（http://www.world10k.com）。

〔註19〕元張鉉《（至大）金陵新志》，文淵閣《四庫全書》本，卷六下。

〔註20〕錢保塘《歷代名人生卒錄》，民國海寧錢氏清風室刊本，卷六。

物。帝乃遣禮部侍郎李衎、兵部郎中蕭泰登齎詔撫綏安南。」〔註21〕

《安南志略》卷三附有《蕭方崖使交錄序》一文，是蕭泰登爲其著作《使交錄》所作序言。序文部分如下：

> 受命戒途，夙夜祇若。凡經行見聞，輒加記錄，不覺成集，歸以板行，以廣其傳……用自上都至安南，州郡山川、人物禮樂、故塞遺逸、異政殊俗、怪草奇花、人情治法、愈病藥方，逐日編紀，通成一集。欽錄聖詔，冠乎集首。次以安南世子回表貢物，及中朝諸老送行詩章，編次於後。間有應酬紀詠，亦借附集末。〔註22〕

可見，《使交錄》一書是蕭泰登在出使安南途中逐日記錄而成，其內容除了安南國的風土人情及兩國交往情況，可能也包括他途經的元朝轄地的一些情況。

## 三、論《元貞使交錄》即蕭泰登《使交錄》

筆者經過研究，認爲以上諸元史藝文志所著錄的《元貞使交錄》，與蕭泰登《使交錄》，實爲一書。

蕭泰登此次出使的年份是至元三十一年（1294），紀元爲「至元」，但諸「元史」記載，元世祖於該年正月卒，因此蕭泰登出使時元帝爲新即位的鐵穆耳（即元成宗），而鐵穆耳的第一個年號爲元貞。因此，這次至元年間的出使，就存在被人稱爲「元貞年間的出使」的可能。

蕭泰登此次出使的月份，《元史》所載並不一致。《元史》卷十八《成宗紀》記載：「（至元）三十一年……夏四月……遣禮部侍郎李衎、兵部郎中蕭泰登齎詔使安南。」《元史》卷二百九《安南傳》記載：「（至元）三十一年……六月遣禮部侍郎李衎、兵部郎中蕭泰登持詔往撫綏之。」明李文鳳《越嶠書》沿用了《元史》「六月遣禮部侍郎李衎、兵部郎中蕭泰登持詔往撫綏之」這一說法。〔註23〕

對於《元史》這一「矛盾」，《新元史》和《元史新編》採取自己的方式進行規避和修正。柯劭忞《新元史》卷十三《成宗紀》記載：「（至元三十一年四月）庚子，忽篤海明哥頒即位詔於高麗；李衎、蕭泰登頒即位詔於安南。」〔註

---

〔註21〕曾廉《元書》，清宣統三年刻本，卷一百。
〔註22〕黎崱《安南志略》，光緒十年樂善堂本，卷三。
〔註23〕李文鳳《越嶠書》，明藍格鈔本，卷五。
〔註24〕柯劭忞《新元史》，民國九年天津退耕堂刻本，卷十三，本紀第十三。

24〕而《新元史》卷二百五十一《安南傳》載：「會世祖崩，成宗嗣立，罷兵，乃遣子奇歸國。日燇上表慰國哀，並獻方物。遣侍郎李衎、郎中蕭泰登持詔諭之曰……」〔註25〕

由此可見，《新元史》看到了《元史》敘述蕭泰登出使月份上的「矛盾」，保留了《成宗紀》中「四月」這一說法，而在《安南傳》中有意省略了月份。《元史新編》有兩處文字〔註26〕介紹安南並提及蕭泰登出使時，也是對月份略而不提。

《元史》所記詔命李、蕭出使的月份本身已不一致。這種情況可能因為編元史時所據原始資料已經不一致，也可能因為元史編撰過程中的人為之誤。但是也有一種可能：這個詔命由不同級別的國家管理者按照程序或者習慣在不同時間予以表達或公示。比如，四月是由皇帝或者代表皇帝的大臣向李、蕭宣旨，這個旨意可能是一紙詔書，也可能是口頭傳達；而到了六月，則是由相關執行部門發佈通告及準備啓程儀式等。出使外國是一件很隆重的事情，從皇帝發佈出使命令到使節正式出發，往往需要數個月的時間。如《眞臘風土記》載，元帝（成宗）「元貞之乙未六月」（1295年）遣使招諭（眞臘），結果到「次年丙申二月離明州」。

《安南志略》卷十七（中華書局本第405頁）有張伯淳《送李仲賓蕭方崖序》一文，所署時間為「至元三十一年七月朔日」。可見，《新元史》所說的四月「庚子」〔註27〕（或者六月）只是新即位的元帝（即成宗）下詔命李、蕭出使的時間，而不是李、蕭實際出發的時間，出發時間則在七月之後。《安南志略》卷十七（中華書局本第407頁）楊仲弘《送李侍郎》一詩，有「九秋天色晚」一句，可見李、蕭此次出使，最早於至元三十一年九月出發。

元袁桷《清容居士集》卷三十四有《蕭御史家傳》一文載：「元貞改元，成宗即位，罷兵安南，釋陪臣陶子奇歸。命李衎為禮部侍郎，奉詔往使之，遂拜兵部郎中介其事。」〔註28〕

《蕭御史家傳》說此次出使在元貞改元之後，是不準確的。實際上成宗

---

〔註25〕柯劭忞《新元史》，民國九年天津退耕堂刻本，卷二百五十一，列傳第一百四十八。

〔註26〕卷四十二《附載》和卷九十五志十一《安南》。清魏源《元史新編》，光緒三十一年邵陽魏氏慎微堂刻本。

〔註27〕四月二十日。

〔註28〕袁桷《清容居士集》，《四部叢刊》景元本，卷三十四。

即位是在元貞改元之前。但由此也可以看出，在元代，已經有人籠統含糊地將蕭泰登的這次出使理解為元貞年間的出使了。就算這其中也有誤解，但至少這種誤解存在。

無獨有偶，清曾燠《江西詩徵》就稱此次出使在「元貞初」：

> 泰登字則平，泰和人，九歲入鄉校，治論語義。至元間授湖南道儒學提舉。元貞初，以兵部郎中使安南，責其世子盡歸侵地而還。歷官江南行臺監察御史，分守江浙行省，卒。〔註29〕

同書同卷（卷二十六）有劉岳《送蕭郎中出使安南》一詩，首句為「喜拜龍形年第一」，言下之意，也讓人理解為此次出使發生在（元貞）「第一年」。

元蘇天爵《滋溪文稿》有《故集賢大學士光祿大夫李文簡公神道碑》一文，是李衎的神道碑，述及出使一事：

> 三十一年世祖賓天，成宗繼序，詔罷徵安南兵，釋其陪臣陶子奇等。擢拜公朝請大夫、禮部侍郎，往諭其國，賜金虎符佩之。以兵部郎中蕭泰登為之副，別賜衣物，鞍勒有差。……元貞改元九月，公偕使者入覲，錫賚蕃渥。〔註30〕

由此可見，李、蕭的出使，到元貞元年（1295）九月才完成使命，「偕使者入覲」。因此這次出使稱為元貞年間的出使，是合理的。

上述史料表明，當時人已經將李、蕭的出使當作（並稱作）「元貞年間」的出使。所以，蕭泰登的《使交錄》，在明代為了與明時出現的幾部同名之書〔註31〕相區別，被稱為《元貞使交錄》，就理所必然了。

考察諸「元史」，元成帝即位第一年及元貞時期（1295年至1296年），元代出使安南只此一次。因此，可以下結論，諸元史藝文志所著錄的《元貞使交錄》，所記之事只可能指蕭泰登此次出使。

綜上所述，筆者認為，諸元史藝文志所著錄的佚名者撰《元貞使交錄》，即元人蕭泰登《使交錄》。

元孔齊《靜齋至正直記》卷一《國朝文典》載：

> 大元國朝文典有《和林志》、《至元新格》、《國朝典章》、《大元通制

〔註29〕曾燠《江西詩徵》，清嘉慶九年刻本，卷二十六（元）。

〔註30〕蘇天爵《滋溪文稿》，民國適園叢書本，卷十《故集賢大學士光祿大夫李文簡公神道碑》。

〔註31〕元朝之後，以《使交錄》為名的筆記體著作的作者還有明人張弘至、明人李濂、明人錢溥、明人黃諫等。

> 至正條格》、《皇朝經世大典》、《大一統志》、《平宋錄》、《大元一統
> 紀略》、《元眞使交錄》、《國朝文類》、《皇元風雅》、《國初國信使交
> 通書》、《后妃名臣錄》、《名臣事略》、《錢唐遺事》、《十八史略》……
> 皆爲異日史館之用，不可闕也。中間惟《和林》、《交信》二書世不
> 多見。〔註32〕

這裏的《元眞使交錄》應即《元貞使交錄》。由此可見，該書在元時是一部比較常見的筆記。

## 四、蕭泰登《使交錄》框架

《安南志略》卷三（中華書局本第 74 頁）有《蕭方崖使交錄序》。由此文，可以大致構想出《使交錄》的基本結構框架如下：

第一部分：元帝詔書。

第二部分：安南世子回表與貢物。

第三部分：正文。以日記形式，逐日記錄上都開平至安南的州郡山川、人物禮樂、故塞遺逸、異政殊俗、怪草奇花、人情治法、愈病藥方等。

第四部分：中朝諸老送行詩章。

第五部分：作者的應酬紀詠。

元朝之後，以《使交錄》爲名的筆記體著作的作者還有明人張弘至、明人李濂、明人錢溥、明人黃諫等。

張弘至《使交錄》，明何三畏《雲間志略》一書曾有提及。書中有《張都諫龍山公傳》一文，載「張弘至字時行，號龍山，華亭人。東海翁季子（弘治年間人）」，「所著有《玉署拾遺》、《使交錄》、《萬里志》、《東塾諫草見意》諸稿，藏於家」。〔註33〕

李濂《使交錄》之名，見明焦竑《國朝獻徵錄》一書，書中有李濂所撰《湖廣參議王公豫傳》一文，載：「王公豫字用誠，世家河南之祥符。……交人有歌頌，詳具《使交錄》中。」〔註34〕

錢溥《使交錄》和黃諫《使交錄》，見清黃虞稷《千頃堂書目》卷八著錄：

---

〔註32〕孔齊《靜齋至正直記》，清毛氏鈔本，卷一。

〔註33〕何三畏《雲間志略》，明天啓刻本，卷九。

〔註34〕焦竑《國朝獻徵錄》，明萬曆四十四年徐象橒曼山館刻本，卷八十八，湖廣一。

「錢溥《使交錄》一卷。黃諫《使交錄》。」〔註35〕明陳繼儒《泥古錄》卷二引用時作「錢文通公《使交錄》」〔註36〕。明祁承爜（1563～1628）《淡生堂藏書目》著錄「《安南記行志》一卷，錢溥。又《使交錄》一卷」〔註37〕。

　　明晁瑮《寶文堂書目》、清錢謙益《絳雲樓書目》也著錄有《使交錄》，不知是元人還是明人所作。另元人陳孚（字剛中）《交州稿》有時也被稱爲《使交錄》，如明章潢《圖書編》卷四十九《猺獞獠蠻諸夷種類考》文間小注云：「出《虞衡志》。今按飛頭、鑿齒諸事，陳剛中《使交錄》亦嘗及之，茲訪諸夷，俱無其實，姑存之以傳疑云。」〔註38〕

# 第三節　文矩《安南行記》

## 一、文矩其人

　　文矩，字子方，長沙人，有研究者認爲他是宋儒文與可之後裔〔註39〕。早孤。盧摯廉訪湖南辟署書史，敬重其才。大德十一年，授荊湖北道宣慰司照磨兼承發架閣。復留補刑部宗正，轉秘書省校書郎。延祐三年（1316）升從事郎爲著作郎。延祐六年改翰林修撰、文林郎、同知制誥兼國史院編修官。至治初元，議遣使持詔諭安南國，被選爲奉議大夫、禮部郎中，佩黃金符，作爲副使出使安南，著《安南行記》。回國後，益受重視，命進太常禮儀院判官。據說其時朝廷欲以子方爲刑部主事，子方辭不就。後典選雲南，自謂膺責負義，不得而辭，時人服之。然似終沒有成行，而於至治三年（1323）八月二十二日卒於大都。《元史》沒有爲他立傳。吳澄所撰《故太常禮儀院判官文君墓誌銘》簡要述其生平，謂其「文章歌詩雖疏宕尚氣，有陳事風賦之志」〔註40〕。有《文子方集》、《安南行記》，惜皆未傳。

　　清顧嗣立《元詩選》二集卷八收有其九首詩，並有其簡介，內容當大致本自吳澄所作之《銘》而更簡略，然有個別信息爲吳《銘》所無。〔註41〕清

---

〔註35〕黃虞稷《千頃堂書目》，文淵閣《四庫全書》本，卷八。

〔註36〕陳繼儒《泥古錄》，明寶顏堂祕笈本，卷二。

〔註37〕祁承爜《淡生堂藏書目》，清宋氏漫堂鈔本。

〔註38〕章潢《圖書編》，文淵閣《四庫全書》本，卷四十九。

〔註39〕劉玉珺《中國使節文集考述──越南篇》，載於《首都師範大學學報（社會科學版）》2007年第3期，第31頁。

〔註40〕吳澄《吳文正集》，文淵閣《四庫全書》本，卷八十。

〔註41〕顧嗣立《元詩選》二集，文淵閣《四庫全書》本，卷八。

鄧顯鶴《沅湘耆舊集前編》卷三十六也收有此九詩及簡介，所收之詩基本同《元詩選》，簡介比《元詩選》多一段案語，敘及趙松雪、袁桷、虞集、柳待制給文子方的贈詩。〔註42〕

　　元王士點《秘書監志》卷十「著作郎」一條載：「文矩，字子方，袁州人。延祐三年八月十三日以從郎上。延祐五年四月十六日復以承務郎上。文矩，延祐元年四月三十日以登仕郎上。」〔註43〕則其延祐年間的職務多有變動，且數任著作郎。此處記載文矩爲袁州人，不知何據。

　　文子方在出使安南回來之後，又曾典選雲南。元虞集《道園學古錄》卷五有《送文子方之雲南序》一文，敘述此事：

　　　　自昔著作之廷，職在討論，文學材藝之士處之，無所與乎有司之事也。而文君子方之在是官，前既出受交趾方貢，今又分典選事於雲南，何其賢勞也。廷議嘗以子方爲刑部主事，辭不就，意若避劇要也；而特無憚遠於是行，何也？子方之言曰：『世祖皇帝之集大統也，實先自遠外始。故親服雲南而郡縣之，鎮之以親王，使重臣治其事，自人民、軍旅、賦役、獄訟、繕修、政令之屬，莫不總焉。獨不得承制署、置屬吏耳。凡其仕者，服冠帶，治文書，內地之人與土著豪傑參伍而雜處，使其皆受命於朝而後仕也，則道里遼遠將不勝。其往來每三熙，輒遣使者往，即而臨定焉。比於閩蜀二廣，祖宗製法之意微矣。且選調之法，自中書吏部才得擬，其七品以下，其上者固造命於朝廷。今使者之出，雖三品之貴，猶得按資格擬所宜居官以聞其下者，如使者所命，即治其事，歸報出成命，授之其重如此。是以嘗遣大官若精強吏以往，自有成法以來，行之四五十年，未嘗使踈遠文人以館閣之職行也，而執政者選擇而使之然，則有不得而辭之矣。』嗚呼，可謂知所重輕也哉……子方知足以周事，慮足以及遠，辯足以達情，勇足以致用。是行也，使邊鄙之吏民聽其議論，而觀其施設，悚然驚愕，以爲雖一乘之使，其風采才略如此，莫不充然而歆羨，恬然而厭服，知朝廷之有人也。〔註44〕

虞集指出了文子方這類「文學材藝之士」，在以往很少參與國家外交這樣的

---

〔註42〕鄧顯鶴《沅湘耆舊集前編》，道光二十四年鄧氏小九華山樓刻本，卷三十六。

〔註43〕王士點《秘書監志》，文淵閣《四庫全書》本，卷十。

〔註44〕虞集《道園學古錄》，《四部叢刊》景明景泰翻元小字本，卷五。

「有司之事」。然而文子方不僅有文藝之才，也有治國之能，先出使安南，又典選雲南。雲南屬於邊地，難於管理，且遠離中原，諸多不便，一般官員都不願前往。可是文子方卻「無憚遠於是行」。尤其難得的是，文子方是在「刑部主事」與「雲南典選」這兩條路之間選擇後者的。他之所以作出這種選擇，在於他對國家的責任感。他是從國家利益的標準出發，從國家大局的角度考慮問題的，因此虞集將他的長篇之語記錄於文，並感慨評價他是一個「知所重輕」的人。不過，文子方不久後即卒於大都，當屬英年早逝，殊為可惜。

## 二、《安南行記》

　　關於文矩出使安南一事，《安南志略》卷三《大元奉使》載：「至治元年（1321），遣吏部尚書教化、禮部郎中文矩，使安南，宣英宗皇帝即位詔。」〔註45〕《元史・英宗紀》所記略簡，但事件基本相同。元袁桷《清容居士集》的記載更詳細一些。該書卷二十四有《送文子方使安南序》一文：「新天子即位，更元曰至治，遣使詔諭。故事必遣近臣為之，又擇能文辭通達國體者以貳之。於是僉曰：翰林修撰文君子方有使才，實可任。乃名上於天子而許之，遂增秩為禮部郎中以行。」〔註46〕清顧嗣立《元詩選》初集收袁桷《送文子方著作受交趾使於武昌二十韻》一詩，大意敘述文子方使安南前後的情況。〔註47〕此詩作於武昌，說明文子方等出使安南後，途經武昌，曾有暫留，並與居於當地的士大夫有詩歌交酬。

　　據不完全統計，著錄文子方《安南行記》的書目有：

表2-3　《安南行記》著錄情況

| 序 | 著錄該筆記的書目 | 著錄該筆記的位置 | 著錄的情況（原文） | 書目的版本 |
|---|---|---|---|---|
| 1 | 清錢大昕（1728～1804）《元史藝文志》（約1800） | 卷二地理類 | ○文子方安南行記禮部郎中安南副使 | 清潛研堂全書本 |

〔註45〕《安南志略》，光緒十年樂善堂本，卷三。
〔註46〕袁桷《清容居士集》，《四部叢刊》景元本，卷二十四，《送文子方使安南序》。
〔註47〕顧嗣立《元詩選》，文淵閣《四庫全書》本，初集，卷十九。

| 2 | 清魏源（1794～1857）《元史新編》 | 卷九十二志十之二地理類 | ○文子方安南行記禮部郎中安南副使 | 清光緒三十一年邵陽魏氏愼微堂刻本 |
|---|---|---|---|---|
| 3 | 清曾廉（1856～1928）《元書》 | 卷二十三 | 文子方安南行記禮部郎中安南副使 | 清宣統三年刻本 |

　　袁桷撰有《文子方〈安南行記〉序》，從中可知文矩《安南行記》的一些情況。袁桷爲其作序云：「世祖文武皇帝神幾洞察，不加以兵，而安南畏威不敢朝，終五世，削王爵以奉貢。今天子即位，頒正朔，議遣使。於是文君子方拜禮部郎中，爲使副以行。辭命專達，儀注品節，唯子方是毗。入其境，不旬日，卒致命以還。稽諸往使，五十年所未有也。還都示予《行記》一編。夫誦詩專對，夫子之訓也。予於書獨有取焉。宣上意，徼有衆，誓命焉；有考山川導別，表土俗，以宜於民，莫詳於貢書。至若贊帝德以傳示永久，是非史官不能。子方以論撰奉使事，三者將兼而取之，誠於詩書殆相表裏矣。蠻荒首長，俔知夫中國有人焉者，其自子方始。窮極珍麗，媚上以營夫已者，子方不知其說也。是宜廣梓以告於後之使者云。年月日袁桷序。」〔註48〕

　　從此序看，《安南行記》的內容主要有三個方面：一是記載文人詩作，此詩作很可能是文子方自己所作，或者也包括別人的贈詩；二是記錄宣諭誓命，如《安南志略》收有文矩出使安南的詔書〔註49〕；三是紀安南風土。至於宣元帝之德，當是借助這三個方面的內容表現的。由此可知，文子方《安南行記》，除第一個方面外，內容與現存的徐明善《安南行記》相似。由於還包括詩文之作，其全書內容可能比徐明善之作更豐富。

## 三、文矩其他作品及交遊

　　除《安南行記》外，文矩已知的主要創作在於詩歌，現存詩十首。清顧嗣立《元詩選》二集卷八收有文子方七題九首詩歌，詩題如下：《和寧致陶幽懷》、《題中慶學廟壁二首》、《送馬伯庸御史奉使關隴》、《題楚山春曉圖》、《次元復初韻送虞伯生代祠江瀆二首》、《贈別任毅夫御史行臺陝西》、《九迭屛》。

---

〔註48〕袁桷《清容居士集》，《四部叢刊》景元本，卷二十二，《文子方〈安南行記〉序》。

〔註49〕黎崱《安南志略》，光緒十年樂善堂本，卷十七。

〔註50〕清鄧顯鶴《沅湘耆舊集前編》卷三十六有《文太常矩九首》，詩的內容基本上同《元詩選》。〔註51〕明孫原理《元音》卷二收有《次元復初韻送虞伯生代祀江瀆》一詩，亦基本同《元詩選》。〔註52〕元黎崱《安南志略》卷十七載「郎中文子方」之詩，則爲《元詩選》所無。詩如下：「至治龍形帝澤新，海邦萬里使華臨。中天日月頒王正，下土風雷聳德音。敬愼不言藩國禮，邇遐無外聖人心。猶知物物關人意，不在梯航遠貢琛。」〔註53〕

　　錢大昕《元史藝文志》等著錄有《文子方集》一書：「《文子方集》，名矩，長沙人，太常禮儀院判官。」〔註54〕魏源《元史新編》〔註55〕、曾廉《元書》〔註56〕也著錄此書，著錄與《元史藝文志》基本相同。清曾國荃《（光緒）湖南通志》〔註57〕也著錄有《文子方集》，內容未脫離上述各書提及的範圍。據這些著錄看，《文子方集》當即指包括《元詩選》所選詩在內的文矩之詩集。是否包括文，不得而知。

　　文矩與盧摯、程鉅夫、虞集、吳澄等人都有交往。盧摯廉訪湖南辟署書吏時對他很重視，文矩引之爲知己。程鉅夫《雪樓集》卷十二有程氏爲文子方所作《停雲軒記》一文，載：「吾屬有文子方者，以停雲名軒，問之則曰，少長宦學四方，每一陟望，雲雖孤飛，而親亡已久，中心盡然。」〔註58〕據此可知，文子方所居有「停雲軒」。程鉅夫《雪樓集》卷二十三有《文矩名字說》一文：「文掾名矩而字子方，材器兼人，如刃之新發，木之向榮，六翮既舉而風迫之也。求余說其名字之義，因書所聞以復之。」〔註60〕可見當時文人交往中，除了飲酒娛樂、贈文唱詩外，釋名也是一項活動。

　　虞集有《送文子方之雲南序》一文，前文已述。趙孟頫《松雪齋文集》有《送文子方調選雲南》一詩，讚揚「我友文子方，其人美如玉」，又云「高

〔註50〕顧嗣立《元詩選》，文淵閣《四庫全書》本，初集卷十九。
〔註51〕鄧顯鶴《沅湘耆舊集前編》，道光二十四年鄧氏小九華山樓刻本，卷三十六。
〔註52〕孫原理《元音》，文淵閣《四庫全書》本，卷二。
〔註53〕《安南志略》，光緒十年樂善堂本，卷二。同時也見《安南志略》中華書局2000年版，第56頁。
〔註54〕錢大昕《元史藝文志》，清潛研堂全書本，卷四。
〔註55〕魏源《元史新編》，清光緒三十一年邵陽魏氏慎微堂刻本，卷九十四，志十之四。
〔註56〕曾廉《元書》，清宣統三年刻本，卷二十三。
〔註57〕曾國荃《（光緒）湖南通志》清光緒十一年刻本，卷二百五十三藝文志九。
〔註58〕程鉅夫《雪樓集》，文淵閣《四庫全書》本，卷十二。
〔註60〕程鉅夫《雪樓集》，文淵閣《四庫全書》本，卷二十三。

談動卿相」、「文章多古意」〔註61〕，可見文子方在外表、言論、文章方面都比較突出。

# 第四節　李至剛《耽羅志略》

耽羅是今韓國最大的島嶼——濟州島的古稱。濟州島古代稱爲州胡、東瀛州、耽羅。耽羅在古代很長時間是一個獨立的國家。該國曾於 476 年服屬於百濟國，並遣使朝貢。660 年百濟爲新羅和唐朝的聯軍所滅，之後耽羅國也陷入混亂。新羅統一朝鮮半島後，耽羅轉服屬於新羅。當時耽羅國王號稱「星主」，據說此稱號爲新羅文武王所賜。新羅滅亡後，938 年耽羅服屬於高麗。1105 年高麗在當地置耽羅郡，1121 年改名濟州。1274 年耽羅成爲元朝的直轄地，直到1294 年才歸還。1404 年代高麗而起的朝鮮廢除星主，1406 年置濟州牧使。

## 一、《耽羅志略》

至正二十五年乙巳（1365），時任樞密院掾曹的李至剛隨從副使帖木兒卜花公往守耽羅。第二年，李至剛因病不能隨團隊回還，乃留松江，記所歷山川、形勢、民風、土產，編而成集，爲《耽羅志略》三卷。該書已佚。

據不完全統計，著錄《耽羅志略》的書目有：

表 2－4　《耽羅志略》著錄情況

| 序 | 著錄該筆記的書目 | 著錄該筆記的位置 | 著錄的情況（原文） | 書目的版本 |
|---|---|---|---|---|
| 1 | 清倪燦（1627～1688）《補遼金元藝文志》 | 地理類 | 李志剛耽羅志略三卷永嘉人樞密院秘書 | 清光緒刻廣雅書局叢書本 |
| 2 | 清黃虞稷（1629～1691）《千頃堂書目》 | 卷八地理類 | 李志剛耽羅志略三卷永嘉人樞密院秘書 | 文淵閣《四庫全書》本 |
| 3 | 清嵇曾筠《（雍正）浙江通志》（約 1735 成書） | 卷二百四十四 | 耽羅志略三卷永嘉李至剛見貝瓊後序 | 文淵閣《四庫全書》本 |

〔註61〕趙孟頫《松雪齋文集》，《四部叢刊》景元本，卷二。

| 序 | 著錄該筆記的書目 | 著錄該筆記的位置 | 著錄的情況（原文） | 書目的版本 |
|---|---|---|---|---|
| 4 | 清錢大昕（1728～1804）《元史藝文志》（約1800） | 卷二地理類 | ○李志剛耽羅志略三卷永嘉人 | 清潛研堂全書本 |
| 5 | 清魏源（1794～1857）《元史新編》 | 卷九十二志十之二地理類 | ○李志剛耽羅志略三卷永嘉人 | 清光緒三十一年邵陽魏氏慎微堂刻本 |
| 6 | 清王棻（1828～1899）《（光緒）永嘉縣志》 | 卷三十八雜誌三 | 李至剛耽羅志略三卷乾隆府縣志。案至剛樂清人孝光從子舊志誤〔註62〕 | 清光緒八年刻本 |
| 7 | 清孫詒讓（1848～1908）《溫州經籍志》 | 卷十二史部 | 李氏至剛耽羅志略三卷，《千頃堂書目》八、《補遼金元藝文志》、《元史藝文志》二。佚 | 民國十年刻本 |
| 8 | 清曾廉（1856～1928）《元書》 | 卷二十三地理類 | 李志剛耽羅志略三卷 | 清宣統三年刻本 |

另有一些非書目類的著作，也提及《耽羅志略》。如清代筆記《純常子枝語》（文廷式著）卷二十四載：「元人李志剛有《耽羅志略》三卷。永嘉人，樞密院秘書，見《補遼金元藝文志》。」〔註63〕

## 二、李至剛其人與交遊

李至剛，諸元史藝文志作「李志剛」。明貝瓊《清江文集》有《耽羅志略後序》，記其名為「李至剛」，《清江詩集》有送李至剛的詩，皆作「李至剛」。清王棻《（光緒）永嘉縣志》著錄《耽羅志略》一書時，有案語如下：「案：至剛，樂清人，孝光從子，舊志誤。」〔註64〕這裏的「舊志誤」，當是指名字與籍貫皆誤。王棻認為，《耽羅志略》作者李至剛籍貫是樂清而非永嘉，並舉其從父李孝光為據。李孝光（1285～1350），字季和，溫州樂清人，年少即博

〔註62〕對成批著錄表中某些比較複雜的著錄，略加標點，以助閱讀。

〔註63〕文廷式《純常子枝語》，民國三十二年刻本，卷二十四。

〔註64〕王棻《（光緒）永嘉縣志》，光緒八年刻本，卷三十八，襍志三。

學，有才名，早年隱居於雁蕩五峰山，交遊者多四方之士。後出仕，名聲益振，與楊維禎並稱「楊李」。《元史》稱他「以文章負名於世」，著作有《五峰集》十一卷。樂清與永嘉元時皆爲縣制。兩縣東西相鄰，皆屬溫州。李孝光爲樂清田堡村（今屬大荊鎮）人，大荊鎮位於樂清市東北部，南臨北雁蕩山。李孝光早年隱居的雁蕩山之五峰山，即在今大荊鎮附近。五峰山所屬的雁蕩山，部分位於樂清，部分位於永嘉。因此，李至剛的籍貫就產生了「樂清」和「永嘉」兩種說法。據現有史料看，當以王棻所說爲是。不過，《清江文集》著《耽羅志略》作者爲李至剛，同於王棻，但籍貫卻不同於王棻，而認爲是「永嘉」。《清江文集》卷五有《蘭芳軒記》，記李至剛僑居錢塘城東闕室「蘭芳軒」之事：「永嘉李至剛氏僑居錢唐城東，闕室爲遊息之所，樹蘭其前，額曰『蘭芳軒』。」〔註65〕

明貝瓊《清江詩集》卷三有《樞密院掾曹李至剛從帖木公守耽羅一年詔回京師遇風抵曹涇明年夏復蹈海北上詩以送之》一詩，有「丈夫得官貴少年」句〔註66〕，可見李至剛出使耽羅時，年紀尚不大。

《清江文集》卷七《耽羅志略後序》載：

> 耽羅距中國萬里，而不載於史，蓋以荒遠略之也。至正二十五年，樞密院曹永嘉李至剛從副使帖木兒卜花公往守其地。明年奉詔還京師。至剛以疾不得俱，乃留松江。因記所歷山川、地形、民風、土產，編而成集，釐爲三卷，題曰《耽羅志略》鋟梓。鐵崖楊公既爲敘其端矣，復求余。〔註67〕

清王棻《（光緒）永嘉縣志》卷二十六即引用此篇後序。由此可以推知《耽羅志略》的一些情況。據此序言，此書在請貝瓊作序之前，已先請楊維禎作了序。但筆者在楊維禎《東維子集》中卻沒有找到這篇序文。

## 第五節　王約《高麗志》

王約《高麗志》是一本在歷代書目中著錄較多的元代國外題材筆記。王約其人經歷也比較清楚，然而可惜的是，《高麗志》一書卻沒有流傳下來。

---

〔註65〕貝瓊《清江文集》，《四部叢刊》景清趙氏亦有生齋本，卷五。
〔註66〕貝瓊《清江詩集》，《四部叢刊》景清趙氏亦有生齋本，卷三。
〔註67〕貝瓊《清江文集》，《四部叢刊》景清趙氏亦有生齋本，卷七。

# 一、王約

　　王約（1242～1333），字彥博，其先汴人，後徙至眞定。王約博學多才，風格不凡。至元十三年被薦爲從事承旨，又授翰林國史院編修官，兼司徒府掾。二十四年拜監察御史。曾首請建儲及修史事。當時奏誅右丞盧世榮等，誣以他罪，王約上章爲之辯護。治成都鹽運使，王鼎不法，罷其官。轉御史臺都事。三十一年遷中書右司員外郎。〔註68〕他給成宗上書言二十二事。曾出賑河間、京畿東道等地饑民。後起復拜集賢大學士商議中書省事。又嘗奉詔參與整理國初以來律令，編成《大元通制》。朝廷議罷征東省而立三韓省，加強對高麗的直接管理，讓諸臣商議。王約認爲高麗離大都遙遠，地瘠民貧，夷俗雜尚，治之非幸事，不如守祖宗舊制。丞相稱善，奏罷議不行。高麗人聞之，圖公像歸祠而事之，曰「不絕國祀者，王公也」。累官集賢大學士。至治二年，年七十，致仕。至順四年（1333）二月卒，年八十二。王約曾從中丞魏初遊，博覽經史，工文詞。著作有《史論》三十卷、《高麗志》四卷、《潛丘稿》三十卷。事見宋濂《元史》〔註69〕。《新元史》、《元史新編》、嵇璜《續通志》也有王約之傳，本之《元史》而情節文字更爲簡略。

　　王約向成宗所言二十二事，諸元史及其他史籍多有記載。如宋濂《元史》載：

> 成宗即位，言二十二事曰：實京師，放差稅，開獵禁，蠲逋負，賑窮獨，停冗役，禁鷹房，振風憲，除宿蠹，慰遠方，卻貢獻，詢利病，利農民，勵學校，立義倉，核稅戶，重名爵，明賞罰，擇守令，汰官屬，定律令，革兩司。〔註70〕

元明史書、筆記等作品中存在一些關於王約的軼事。《元史》等史書《王約傳》中述及其事蹟多件。他如《元文類》、《南村輟耕錄》載有王約任刑部尚書時上書請求寬刑罰之事。如《元文類》載：「大德中，刑部尚書王約數上言，國朝用刑寬恕，笞杖十減其三，故笞一十減爲七。今之杖一百者，宜止九十七，不當又加十也。」〔註71〕明余懋學《仁獄類編》卷六載《王約釋射奴》，也是敘述王約任刑部尚書時事；同書卷六載《王約辨匿貨》，卷十一載《王約斷應後》〔註

---

〔註68〕明李賢《明一統志》，文淵閣《四庫全書》本，卷三。
〔註69〕宋濂《元史》，乾隆武英殿刻本，卷一百七十八，列傳第六十五。
〔註70〕宋濂《元史》，乾隆武英殿刻本，卷一百七十八，列傳第六十五。
〔註71〕蘇天爵《國朝文類》，《四部叢刊》景元至正本，卷四十二。
〔註72〕余懋學《仁獄類編》，萬曆直方堂刻本。

72），皆為敘述王約任禮部尚書時事。這些事蹟，《元史》等史書中也有記載。其中《王約辨匿貲》如下：

> 王約遷禮部尚書時，京民王氏仕江南而沒，有遺腹子，其女育之。年十六，乃訴其姊匿貲若干，有司責之急。約視其牘曰：「無父之子，育之成人，且不絕王氏嗣，姊之恩居多，誠利其貲，寧育之至今日邪？」改前議而斥之。〔註73〕

女子喪父，將弟弟從小撫養長大，於弟之恩不輕。不過，人性皆有缺憾，逐利為人之本性；而為財棄親、匿親之貲者，也為數不少。該女子撫養弟弟長大，按一般人性推測，很可能確實存在匿貲之舉。其弟幼時，家中財產，其姊當可以供養幼弟為由進行支配。因此，匿貲之舉，一般而言在所難免。而所匿之貲，當屬其弟，因為從當時的制度與觀念看，女子沒有繼承權，其父所有財產皆屬其弟所有。其弟長大之後訴之於官，便理所當然。「有司責之急」，於理於法皆合。王約不作調查，以「誠利其貲，寧育之至今日邪」武斷定案，實屬「不察」——「育之今日」之舉，迫於輿論和起碼的良心，是「人」皆可為之，與人自私與否無關；而何況家中有產，育之有獲利之機，則愈自私者愈願行「育之今日」之舉也。筆者認為，王約如此「糊塗」定案，應該有其深意。他實際上是在通過寬容很可能存在的「匿貲」之舉，來對「育之今日」之舉進行一種補償。可是，這種補償是不合法的，他只好通過別的藉口，通過否定「匿貲」之舉的存在來實現。他的斷案，實際是以情越法。以情越法，一般是不值得提倡的，在法制比較健全的時代尤其如此；但是，在法制很不健全的時代，只要「情」是健康積極的，以情越法卻往往值得我們尊重。

因此，王約若非一個不通情理、固執辦案者，便一定是一個重視情感、大仁大義又機智勇敢之人。從史料所述他的各種事蹟看，顯屬後者。可以說，他的某些思想，例如他對公平正義的理解，已經超越了那個時代。

在元代，這是極其難能可貴的。

王約與當時的名人如王惲、魏初、程鉅夫等人都有交遊。王惲《秋澗集》附錄有《王約頓首》一詩：「德業中朝望，文章蓋代名。誨人循善誘，接物極推誠。春露傳家記，洄溪別墅銘。歿寧無少恨，三世荷恩榮。」〔註74〕魏初《青崖集》卷二載《徽州學正胡泳子游自京都，來過予於維揚。以士常中郎

---

〔註73〕余懋學《仁獄類編》，萬曆直方堂刻本，卷六。
〔註74〕王惲《秋澗集》，《四部叢刊》景明弘治本，附錄。

長詩見示，又省掾王約彥博謂子游文筆有中州氣象，用是，不敢以常書生遇之。十月復會於杭，且以樂府辱贈。將拏舟歸江東，因作二十八字以贈》一詩〔註75〕，詩題中提及王約對胡泳的評價，可見王約與魏初、胡泳皆有來往。《元史·列傳·程鉅夫》也提及王約，此王約與《高麗傳》的作者王約當為一人。

　　關於王約除《高麗志》之外的創作，《元詩選·癸集·丙集》收有其詩四首：《挽王學士秋澗》、《送南宮舍人趙期熙奉使安南》、《題錢舜舉碩鼠圖》、《題周曾秋塘圖卷》。黎崱《安南志略》卷十七收有「集賢大學士王約彥博」一首無題詩，〔註76〕即《元詩選》所收《送南宮舍人趙期熙奉使安南》。

## 二、《高麗志》

　　王約曾經出使高麗，然而《元史》之《王約傳》沒有說明出使時間。《元史新編》、稽璜《續通志》中的《王約傳》也都沒有說出王約出使高麗的時間。《元史·本紀·成宗四》載：「七年……九月戊午，車駕還大都。丙寅，太白晝見，以太原平陽地震，禁諸王阿只吉小薛所部擾民，仍減太原歲飼馬之半。遣刑部尚書塔察而、翰林直學士王約使高麗，以其國相吳祈祁專權，徵詣闕問罪。」〔註77〕又清邵遠平《元史類編》卷二十二也有王約之傳，載王約「嘗於大德七年按問高麗國事，歸著《高麗志》四卷」。〔註78〕明胡粹中《元史續編》卷六載：「癸卯七年……八月……乙亥……遣刑部尚書塔齊爾等使高麗。」後有小字注曰：「塔齊爾與翰林直學士王約偕往。」〔註79〕稽璜《續通志》王約之傳中提及王約出使高麗詔諭高麗王時，有文間小字按語：「《高麗國傳》作遣山東宣慰使塔齊爾、刑部尚書王泰亨齎詔諭之。」〔註80〕

　　《元史·列傳·王約》載王約出使高麗事，較為詳細：

　　　　高麗王昛年老，傳國子謜。有不安其政者，飛讒離間，及謜朝京師，潛使人擥用事者，留謜不遣。昛復位，乃委用小人厚斂淫刑，國人

---

〔註75〕魏初《青崖集》，文淵閣《四庫全書》本，卷二。
〔註76〕《安南志略》，光緒十年樂善堂本，卷十七。同時也見《安南志略》中華書局2000年版，第414頁。
〔註77〕宋濂《元史》，乾隆武英殿刻本，卷二十一，本紀第二十一。
〔註78〕邵遠平《元史類編》，康熙三十八年原刻本，卷二十二。
〔註79〕胡粹中《元史續編》，文淵閣《四庫全書》本，卷六。
〔註80〕稽璜《續通志》，文淵閣《四庫全書》本，卷四百九十，列傳。

群懇於朝。中書令執其首惡，繫刑部，其黨復不悛。奏屬約驗問，約至，宣佈明詔而諭之曰：「天地間至親者父子，至重者君臣。彼小人知自利，寧肯為汝家國地耶。」旺感泣謝曰：「臣年耄，聽信憸邪，是以致此。今聞命矣，願奉表自雪。且請子源還國，其小人黨與悉聽使者治。」翼日，約逮捕，復按其罪流二十二人，杖三人，黜有官者二人，命故臣洪子藩為相，俾更弊政，罷非道、水驛十三，免耽羅貢非土產物。東民大喜。還報稱旨，除太常少卿。〔註81〕

據筆者的不完全統計，著錄王約《高麗志》的書目有：

**表2－5 《高麗志》著錄情況**

| 序 | 著錄該筆記的書目 | 著錄該筆記的位置 | 著錄的情況（原文） | 書目的版本 |
|---|---|---|---|---|
| 1 | 明王圻（1530～1615）《續文獻通考》 | 卷一百七十八經籍考，地理 | 高麗志四卷王約著 | 明萬曆三十年松江府刻本 |
| 2 | 明陳第（1541～1617）《世善堂藏書目錄》 | 卷上載記 | 高麗志四卷王約 | 知不足齋叢書本 |
| 3 | 清倪燦（1627～1688）《補遼金元藝文志》 | 地理類 | 王約高麗志四卷 | 清光緒刻廣雅書局叢書本 |
| 4 | 清黃虞稷（1629～1691）《千頃堂書目》 | 卷八地理類 | 王約高麗志四卷 | 文淵閣《四庫全書》本 |
| 5 | 清錢大昕（1728～1804）《元史藝文志》（約1800） | 卷二地理類 | ○王約高麗志四卷 | 清潛研堂全書本 |
| 6 | 金門詔（1736進士）《補三史藝文志》 | 地理類 | 王約高麗志四卷 | 商務印書館《遼金元藝文志》1958 |
| 7 | 清魏源（1794～1857）《元史新編》 | 卷九十二志十之二地理類 | ○王約高麗志四卷 | 清光緒三十一年邵陽魏氏慎微堂刻本 |
| 8 | 清曾廉（1856～1928）《元書》 | 卷二十三地理類 | 王約高麗志四卷 | 清宣統三年刻本 |

〔註81〕宋濂《元史》，乾隆武英殿刻本，卷一百七十八，列傳第六十五。

　　清王頌蔚《明史考證攈逸》引用《高麗志》的內容兩條。一條在卷四十：「東阻鳥嶺忠州。按《高麗志》，烏嶺在慶州西北，懸崖鑱削，中通一線，爲朝鮮南道雄關，此作鳥嶺，誤。」〔註82〕另一條在卷四十一：「洪武十一年夏，故元太子愛猷識理達臘卒。按愛猷識理達臘在位十一年，建元宣光。其卒也，國人諡曰『昭宗』。嗣子即位，改元天元，見《高麗志》。」〔註83〕

　　此兩處《高麗志》，當即王約《高麗志》。不過，由於王約《高麗志》已佚，其他內容不得而知。

# 第六節　《西域異人傳》、李克忠出使所著、《國初國信使交通書》

## 一、贍思《西域異人傳》

　　贍思（1278～1351）〔註84〕，字得之，大食人。《元史》有傳，《新元史》、《元史新編》、《元史類編》、《續文獻通考》從《元史》。清嵇璜《續通志》也有此傳，然而人名作「舒蘇」〔註85〕。贍思曾任陝西行臺監察御史、江東肅政廉訪副使等職，爲官清正，不慕名利，《元史》載：「時倒剌沙柄國，西域人多附焉，贍思獨不往見。倒剌沙屢使人招致之，即以養親辭歸。」〔註86〕他師從名儒王思廉，學術廣博，尤精易學。著有《五經思問》、《四書闕疑》、《老莊精詣》、《奇偶陰陽消息圖》、《金哀宗記》、《正大諸臣列傳》、《鎮陽風土記》、《續東陽志》、《西域異人傳》、《西國圖經》、《審聽要訣》、《河防通議》等書，其中只有《河防通議》流傳下來。有文集30卷，《常山貞石志》僅保存5篇，其餘均失傳。

　　據筆者的不完全統計，著錄《西域異人傳》的書目有：

---

〔註82〕王頌蔚《明史考證攈逸》，民國嘉業堂叢書本，卷四十。

〔註83〕王頌蔚《明史考證攈逸》，民國嘉業堂叢書本，卷四十一。

〔註84〕贍思生卒年，此據元史。而據吳海鷹主編《回族典藏全書》中《贍思佚文集》（甘肅：文化出版社；銀川：寧夏人民出版社，2008年），則爲1281～1354。

〔註85〕嵇璜《續通志》，文淵閣《四庫全書》本，卷五百五十三，儒林傳。

〔註86〕宋濂《元史》，乾隆武英殿刻本，卷一百九十，列傳第七十七，儒學二。

表2-6 《西域異人傳》著錄情況

| 序 | 著錄該筆記的書目 | 著錄該筆記的位置 | 著錄的情況（原文） | 書目的版本 |
|---|---|---|---|---|
| 1 | 清倪燦（1627～1688）《補遼金元藝文志》 | 傳記類 | 瞻思西域異人傳 | 清光緒刻廣雅書局叢書本 |
| 2 | 清黃虞稷（1629～1691）《千頃堂書目（補元代部分）》 | 卷十 | 瞻思西域異人傳 | 清潛研堂全書本 |
| 3 | 清錢大昕（1728～1804）《元史藝文志》（約1800） | 卷二傳記類 | ○瞻思西域異人傳 | 清潛研堂全書本 |
| 4 | 金門詔（1736 進士）《補三史藝文志》 | 傳記類 | 瞻思異人傳 | 商務印書館《遼金元藝文志》1958 |
| 5 | 清魏源（1794～1857）《元史新編》 | 卷九十二志十之二 | ○瞻思西域異人傳 | 清光緒三十一年邵陽魏氏愼微堂刻本 |
| 6 | 清曾廉（1856～1928）《元書》 | 卷二十三論記 | 瞻思西域異人傳 | 清宣統三年刻本 |
| 7 | 雒竹筠遺稿，李新乾編補《元史藝文志輯本》 | | 瞻思西域異人傳 | 北京燕山出版社，1999 |

《西域異人傳》又簡稱《異人傳》，不知卷數。其著錄主要見於諸元史藝文志，明清時似乎不見著錄，則此書可能在元代已佚。

## 二、李克忠出使所著

李克忠也是一位多次出使安南的元朝官員。李克忠，字公謹，自號麓泉，祖上世居青州，後徙滕州。《元史》無李克忠傳。元人許有壬撰有《元故中順大夫同知吉州路總管府事李公神道碑銘》一文，述其事蹟。後柯劭忞《新元史》和《蒙兀兒史記》俱根據《神道碑》爲他立傳。〔註87〕

據馬明達先生考證，李克忠曾三次出使安南〔註88〕。記錄這三次出使的史籍及內容如下：

---

〔註87〕馬明達《元代出使安南考》，載於《專門史論集》（廣州：暨南大學出版社，2002 年）第 156～183 頁。

〔註88〕馬明達《元代出使安南考》，載於《專門史論集》第 156～183 頁。

1、第一次出使

該次出使李克忠是副使。《安南志略》卷三《大元奉使》載：「至元十二年，遣尚書合撒兒海牙、侍郎李克忠召陳王入見，以久疾不朝。數年薨。」《元史・世祖紀》也載有此次出使，但未記出使者之名：「至元十二年二月，詔安南國王陳光昺，仍以舊制六事諭之，趣其來朝。」

2、第二次出使

《元史・安南傳》：「至元十五年八月，遣禮部尚書柴椿、會同館使哈剌脫因、工部郎中李克忠、工部員外郎董端，同黎克復等持詔往諭日烜入朝受命。」

3、第三次出使

許有壬撰《元故中順大夫同知吉州路總管府事李公神道碑銘》載：「尋命復往，庚辰四月，挈其使黎仲佗奉表納款，九月至京師。」〔註89〕庚辰即至元十七年。

《李公神道碑銘》也載其三次出使安南之事，並評價：「公視萬里如跬步，三往返如須臾。『移安南書』及為詩八十韻皆激烈有氣。」

由此可知，李克忠曾著有「移安南書」。然而，此作品是一部著作，還是一篇國書（文章），筆者未見有人研究。目前，有馬明達先生《元代出使安南考》及劉玉珺《中國使節文集考述——越南篇》〔註90〕兩文，是較早的提及李克忠出使及其作品「移安南書」的論文。這兩篇論文都沒有指出「移安南書」是文章還是一部著作。

許有壬《李公神道碑銘》所載內容，馬明達一文引用時斷句有誤。文中記錄李克忠寫的「移安南書」及詩八十韻，「皆激烈有氣主者」。這兒「主者」不當與「皆激烈有氣」連讀，而當連下一句「要其一見，將市恩邪」。劉玉珺一文此處則斷句正確。

經筆者考證，「移安南書」是一篇國書，即為一篇文章，而非一部著作。《李公神道碑銘》載：

> 朝廷遣使安南，責以六事，署安南國達嚕噶齊府知事，偕哈爾薩、
> 哈雅等行，至元乙亥四月也。時江南未平，由臨洮渡河源，經土蕃，

〔註89〕許有壬《至正集》，文淵閣《四庫全書》本，卷六十一。
〔註90〕劉玉珺《中國使節文集考述——越南篇》，載於《首都師範大學學報（社會科學版）》，2007 年第 3 期。

涉麗水，過莎車，至牂牁，逾南詔、善鄯、金齒，水陸萬餘里，至
其國。其人外雖恭，而奉行未決。移書責以大義，諭以禍福，取所
貢物歸。土蕃梗途，行雲南新開道。丁丑夏，始達上京。〔註91〕

由此可見，「移安南書」是向安南國世子「責以大義」的國書，即類似於使者
寫給對方國主的正式信件。這種信件與元帝給安南國主的詔書並不相同，它
以使者口吻撰寫，有信件的功能，但是因為屬於外交信件，且是由正式出使
的使者交遞給對方國主的，因此它不是私人信件，而是一封具有外交效力的
國書。

不過，筆者還發現，李克忠著有關於出使安南的一部著作。《李公神道碑
銘》載：「丁丑夏，始達上京。上親臨問，錄所經山川、地理、人物、風土，
泊安南日曆、國主問答。」〔註92〕這表明，李克忠為了回答元帝的問題，撰
有一部作品，敘述安南風土人情、出使日程、出使情形等內容。

## 三、《國初國信使交通書》

《國初國信使交通書》一書，《元史藝文志》、《元史新編》、《元書》等書
都有著錄。不著撰者姓名，亦無卷數冊數。從此書書名看，似有兩解：一解
為記錄國信使出使各國情況（甚至可能專記書表來往）之書；另一解為國信
使「使交」通書，即記錄出使交趾之書。

元孔齊《靜齋至正直記》卷一有「國朝文典」一條，如下：

大元國朝文典有《和林志》、《至元新格》、《國朝典章》、《大元通制》、
《至正條格》、《皇朝經世大典》、《大一統志》、《平宋錄》、《大元一
統紀略》、《元真使交錄》、《國朝文類》、《皇元風雅》、《國初國信使
交通書》、《后妃名臣錄》、《名臣事略》、《錢唐遺事》、《十八史略》、
《後至元事》、《風憲宏綱》、《成憲綱要》、趙松雪、元復初、鄧素履、
楊通微、姚牧庵、盧疎齋、徐容齋、王肯堂、王汲郡等三王、袁伯
長、虞伯生、揭曼碩、歐陽圭齋、馬伯庸、黃晉卿諸公文集，《江浙
延祐首科程文》、《至正辛巳復科經文》及諸野史小錄，至於今隱士
高人漫錄日記，皆為異日史館之用，不可闕也。中間惟《和林》、《交
信》二書，世不多見。吾藏《和林》，朱氏有《交信》三四書，未知

---

〔註91〕許有壬《至正集》，文淵閣《四庫全書》本，卷六十一。
〔註92〕許有壬《至正集》，文淵閣《四庫全書》本，卷六十一。

近日存否。今壬辰亂後，日記略吾所見聞。所書也，凡近事之有禍
福利害，可爲戒者，日舉以訓子弟，說一過，使其易曉易見也，猶
勝於說古人事。如奸盜之源，及人家招禍之始，與夫貪之患，利之
害，某人勤儉而致富，某人怠惰而致貧，擇其事之顯者，逐一訓導
之。縱不能全，是亦可知警而減半爲非也。先人每舉歷仕時所見人
家之致興廢陰德報應及經新過盜賊奸詐之由，逐一訓誨子弟，使之
知警。有是病者，省察之；無是患者，加謹之。其拳拳乎子孫，訓
戒如此，嗚呼痛哉。〔註93〕

此處列出 38 種「國朝文典」，據楊鐮先生分析，該名錄包括國史典章 18 種，
詩文總集 2 種，詩文別集 16 種（家），時文 2 種。楊鐮先生又指出：「這個目
錄在詩文間傾向於文，但可證明元代詩文文獻的核心部分，基本流傳至今。」
〔註94〕不過，《國初國信使交通書》這樣的書卻沒有流傳下來。孔氏文中所謂
《交信》，當即其前文所提及的《國初國信使交通書》。可見，此書在元代就
流傳不廣。孔齊所此處謂的家藏有此書的朱氏，也不知何人。除此以外，關
於《國初國信使交通書》，筆者沒有見到更多的記載。

---

〔註93〕孔齊《靜齋至正直記》，清毛氏鈔本，卷一。
〔註94〕楊鐮《元詩文獻研究》，載於《文學遺產》2002 年第 1 期。

# 第三章　《眞臘風土記》與《安南志略》研究

## 第一節　《眞臘風土記》研究

在現存元代國外題材筆記中，《眞臘風土記》是較早的一部。它創作於 13 世紀末 14 世紀初，這時的元帝國已走到了國力擴張之途的巔峰。而它所記錄的眞臘國，也正處於吳哥文明的鼎盛時期。

### 一、傳藏與版本

《眞臘風土記》成書於 13 世紀末 14 世紀初〔註1〕。元末明初陶宗儀《說郛》便收有此書。在明代，收錄《眞臘風土記》的叢書有《古今說海》、《古今逸史》等。同時，明清各書目也多著錄。後代有不少筆記作品、史籍類著作引用該書的內容。因此，此書得以一直傳藏下來，並產生了多個版本。

《眞臘風土記》無論從現存古籍版本數量還是現存每一古籍版本的作品數量來看，在元代國外題材筆記中都是最多的。

現存的古籍版本有《說郛》本、《古今說海》、《古今逸史》本、《歷代小史》本、《百川學海》本、《古今圖書集成》本、《四庫全書》本、吳翌鳳抄本、許氏巾箱本等多個版本。

---

〔註1〕夏鼐先生認爲其成書於 1312 之前。見中華書局《眞臘風土記校注》（2000 年）序言，第 2 頁。

表 3－1 《真臘風土記》古籍版本

| 序 | 版本簡稱 | 說　明 |
|---|---|---|
| 1 | 說郛百卷本 | 百卷本《說郛》卷 39。有明抄本，又有 1927 年商務印書館所出涵芬樓排印本。夏本（夏鼐先生校注本）用此排印本作校本之一，並稱之為郛甲本。無標題無目錄。第 40 條脫 27 字。 |
| 2 | 說郛百二十卷本 | 陶氏重輯百二十卷《說郛》（卷 62）宛委山堂刻本。有順治丁亥年（1647）李際期本。夏本發現其《真臘風土記》實用百川本刻版。夏本稱之為郛乙本。有標題無目錄。 |
| 3 | 說郛六十九卷本 | 見趙和曼《中外學術界對〈真臘風土記〉的研究》一文〔註 2〕。提及「金本」所用版本時，有此本。 |
| 4 | 說海本 | 《古今說海》本（庚集說選部）。明嘉靖甲辰年（1544）儼山書院原刻，清道光間邵松巖覆刻。夏本用覆刻本作校本之一。卷首有《四庫全書》提要。有標題有目錄。說海本除儼山原刻本和松巖覆刻本，還有多個：宣統元年印本，四庫本，民國時石印本等等。 |
| 5 | 逸史本 | 明萬曆間新安吳琯校刻《古今逸史》本（商務印書館 1940 影印元明善本叢書十種之一）。夏本之底本。有標題有目錄。 |
| 6 | 小史本 | 《歷代小史》本，卷 103。夏本用 1940 年商務印書館影印明萬曆刻本（影印元明善本叢書十種之一）。無標題無目錄。 |
| 7 | 百川本 | 《百川學海》明代重輯本（癸集）。有明天啓崇禎間刊本。宋人左圭所輯《百川學海》原無此書，明人重輯時增入。有標題無目錄。缺一葉 237 字。 |
| 8 | 集成本 | 《古今圖書集成》（《邊裔典》第 101 卷），有 1934 年中華書局影印本（第 217 冊）。缺一葉 237 字。有標題有目錄。夏鼐先生認為較劣。1918 法譯本即以此為底本。 |
| 9 | 文淵四庫本 | 據說出於天一閣抄本，但此抄本不存。夏鼐先生認為天一閣抄本與說海本同源，或許即來自說海本。 |
| 10 | 文津四庫本〔註 3〕 | |
| 11 | 吳本 | 清人吳翌鳳手抄本，吳為嘉慶時諸生。現藏北大圖書館。乃由《說海》錄出。 |

〔註 2〕 趙和曼《中外學術界對〈真臘風土記〉的研究》，載於《世界歷史》1984 年第 4 期。

〔註 3〕 本論文所提及的文津閣《四庫全書》本，若無特別說明，皆據自北京商務印書館影印《文津閣四庫全書》（2005～2006 年）。後面不再說明。

| 序 | 版本簡稱 | 說　明 |
|---|---|---|
| 12 | 許本 | 道光己丑年（1829）瑞安許氏巾箱本。此乃首次刊行之單行本。溫州圖書館有藏。夏鼐先生說它出自說海本。 |
| 13 | 陸藏本 | 陸心源收藏本，爲明抄本。現歸日本靜嘉堂文庫。〔註4〕 |
| 14 | 清抄本 | 國家圖書館所存清抄本是殘本，僅存七條。 |

　　此外，清末民國時期出版的有「說庫本」、「扶輪本」、「舊小說本」。《說庫》由民國初年王文濡輯，有民國四年（1915）上海文明書局石印本，《眞臘風土記》在第 29 冊。夏鼐先生說它出自「說海本」。「扶輪本」是指國學扶輪社《香豔叢書》本，有清宣統印本。《眞臘風土記》位於第 16 卷。此爲節錄本，僅收六條。「舊小說本」指清宣統間吳曾祺編《舊小說》所收本，有 1930 年萬有文庫之《舊小說》，爲商務印書館鉛印本，《眞臘風土記》在第 15 冊中。這也是一個節錄本，僅收五條。

　　《眞臘風土記》也有多個由學者整理、研究產生的翻譯本和校注本。19 世紀初期，法國入侵東南亞地區，《眞臘風土記》爲西方漢學家們所注意。1819 年法國的雷慕沙首先將此書譯成法文。1902 年伯希和又重新翻譯了一個法文本，這一法文本後來得以修訂增補。《眞臘風土記》還有日文、英文、柬埔寨文和德文翻譯本。國內校注本主要有「金本」、「馮本」、「陳本」、「夏本」。「金本」指金榮華先生校注本，名《眞臘風土記校注》，臺北中華書局 1976 年出版。「馮本」是指馮承鈞先生所譯注《眞臘風土記箋注》，有 1957 年中華書局版《西域南海史地考證譯叢七編》本。馮承鈞先生將法國伯乃和注本譯而注之。伯乃和著作有前後兩版，爲初注和新注，新注改動較大。其書由戈岱司加了補注。夏鼐先生說馮本所據爲「說海本」。「陳本」指陳正祥的著作《眞臘風土記研究》中的校注本，爲合校本。此著作有香港中文大學 1975 年刊本。「夏本」是指夏鼐先生校注《眞臘風土記校注》，由中華書局 1981 年初版，2000 年再版，這也是一個合校本。

## 二、主要內容

　　元成宗元貞元年（1295），元朝統治者決定派遣使者前往眞臘。元貞二年二月二十日（公元 1296 年 3 月 24 日），周達觀隨著出使眞臘的使節團從溫州

---

〔註4〕此據夏鼐先生之說，見《眞臘風土記校注》（中華書局 2000 年版），第 194 頁。

港出發，經過七洲洋、交趾洋，於三月十五日抵達占城（今越南歸仁港）。再過半月到達真蒲，此地已屬真臘國境所轄。其後由於逆風及路途輾轉等原因，延至七月才到達真臘國都吳哥。不知何故，周氏在吳哥逗留約一年，於大德元年（1297）六月才啓程回國，八月十二日抵達四明（今浙江寧波）。周達觀回國後開始撰寫《真臘風土記》。

《真臘風土記》全書 8500 多字，有 41 條，除總敘之外，分 40 條。該書詳細記載自己的行程及途徑、當地都城情況、風土人情等。其所分 40 條爲：城郭、宮室、服飾、官屬、三教、人物、產婦、室女、奴婢、語言、野人、文字、正朔時序、爭訟、病癩、死亡、耕種、山川、出產、貿易、欲得唐貨、草木、飛鳥、走獸、蔬菜、魚龍、醞釀、鹽醋醬麴、蠶桑、器用、車轎、舟楫、屬郡、村落、取膽、異事、澡浴、流寓、軍馬、國主出入。

這 40 條內容基本上可以分爲以下三大類和十一小類：

表 3－2　《真臘風土記》內容歸類

| 大　類 | 小　類 | 四十條 |
|---|---|---|
| 1、軍政制度 | （1）行政 | 官屬、屬郡、村落、國主出入 |
| | （2）軍事 | 軍馬 |
| 2、經濟狀況 | （3）自然 | 出產、草木、飛鳥、走獸、山川 |
| | （4）農業 | 耕種、蔬菜、魚龍、醞釀、蠶桑 |
| | （5）器用 | 器用、車轎、舟楫、鹽醋醬麴 |
| | （6）建築 | 城郭、宮室 |
| | （7）商業 | 貿易、欲得唐貨 |
| 3、文化生活 | （8）人物 | 三教、人物、產婦、室女、奴婢、野人、流寓 |
| | （9）風俗 | 正朔時序、爭訟、病癩、死亡、澡浴、服飾 |
| | （10）語言 | 語言、文字 |
| | （11）奇事 | 取膽、異事 |

總體而言，《真臘風土記》的內容可以從兩個大的方面進行觀察：一是書中展現了吳哥文明極盛時期的風土人情，這種風土人情顯示了吳哥文明的發達。二是書中也反映了當時真臘國與元代的關係。

（一）吳哥文明

從書中反映的內容看，吳哥文明達到了相當高的程度。真臘並不像當時

中國人所想像的那樣是蠻夷之邦。其地出產豐富，商業發達，建築和雕刻達到了很高的水準。眞臘人有自己的語言文字，有自身的文化風格，有自己獨特的風俗習慣。

在總敘之後，書中首先在「城郭」和「宮室」兩條中介紹了吳哥城的建築和雕刻。依次介紹了州城的規模、城門及城外大橋上的雕刻、城中之塔、魯般墓、東池北池，以及從國宮到民舍的建築用材等。這些建築和雕刻在吳哥的數量很多，有的規模宏偉，有的製作精美，在作者眼中具有濃厚的異域風情。在介紹建築時，雜以簡略議論或民間傳說。不過，雖然作者在寫作全書時著重關注的是眞臘風土與中國風土之異，但基本態度是寫實，此類奇聞傳說在全書中並不多見，間有提及，也是以寫實的態度進行敘述。這體現出作者嚴謹的寫作態度和史家風範。

在介紹眞臘人的語言時，作者主要以音譯的方式述及一些日常用語，如數字和親人之間的稱呼，以及其語言的倒序特點。介紹文字時，主要提及其用材和書寫習慣。對於文字本身的描述，僅有「大率字樣正如回鶻字」和「其字母音聲正與蒙古音相鄰」等簡略幾句。值得注意的是，書中除了專篇介紹眞臘人的語言文字，還在其他內容中以音譯的方式提及了不少眞臘人所用的詞語。如在「三教」一條開篇說：「爲儒者呼爲班詰，爲僧者呼爲苧姑，爲道者呼爲八思惟。」〔註5〕又「正朔時序」一條結尾處提及十二生肖，順便說：「但所呼之名異耳。如以馬爲卜賽，呼雞爲鑾，呼豬爲直盧，呼牛爲個之類也。」〔註6〕書中此類介紹，特別是對於讀音的介紹，爲後世研究柬埔寨中古時代的語言文字保留了珍貴的材料。

眞臘人的風俗習慣是書中的一個重點。「正朔時序」一條介紹了眞臘人一年四季的節日與相關習俗。他們「每月必有一事」，如五月的迎佛水：「聚一國遠近之佛，皆送水來與國主洗身。」又如九月的「壓獵」：「壓獵者，聚一國之眾皆來城中，教閱於國宮之前。」此外，「爭訟」、「病癩」、「死亡」、「澡浴」、「三教」、「人物」等都描述了眞臘人獨特的風俗習慣。

### （二）元對外關係

我國很早就與柬埔寨有過交往。柬埔寨地區，我國漢代稱爲「扶南」，意爲「山地之王」。東吳時，扶南國王遣使來吳國，取海路歷時一年餘到印度恒

---

〔註5〕周達觀《眞臘風土記》，明嘉靖23年刻《古今說海》本，三教。

〔註6〕《眞臘風土記》，《古今說海》本，正朔時序。

河口，再取陸路，歷時四年來到東吳，獻琉璃。孫權也派遣使者出使扶南國。後來扶南國被崛起的眞臘國所滅，柬埔寨地區與中國進行交流的主要是眞臘國。隋大業十二年（616年），眞臘國王派遣大使朝貢。此後，我國史書一直稱之爲「眞臘」，直到15世紀吳哥時代結束後才改成「柬埔寨」。唐宋時期，中國與眞臘不僅有使節來往，而且貿易也逐漸發展起來。

　　元朝最初的想法是想征服眞臘國。《元史·世祖紀》載，至元十八年（1281）十月，「詔諭干不昔國來歸附」。這裏的「干不昔」即指眞臘。這次招附沒有成功，派去的使臣被眞臘拘執。眞臘拘執元朝使者一事，《眞臘風土記》也有記載：

> 聖朝誕膺天命，奄有四海。唆都元帥之置省占城也，嘗遣一虎符萬
> 戶、一金牌千戶同到本國，竟爲拘執不返。元貞之乙未六月聖天子
> 遣使招諭，俾余從行。〔註7〕

不過，後來，眞臘國又向元廷表示臣服。至元二十二年，眞臘與占城都向元廷貢獻樂工、藥材等。

　　《眞臘風土記》對眞臘的風土人情作了翔實的記錄，並記載了元代人與眞臘人的政治、經濟、文化交流情況。在政治方面，書中述及，元代使節到了眞臘之後，眞臘「遂得臣服」。這種記載相當簡略，有學者質疑可能是曲筆敘事，並不符合實情。在經濟方面，《眞臘風土記》詳細記錄了當時中國至眞臘的航路和時間，並且提及了當時元人（「唐人」）與眞臘人的貿易情況。「欲得唐貨」一條列出了眞臘人喜愛的中國貨物有眞州之錫鑞、溫州之漆盤、泉州之青瓷器、明州之席等等，可見元代與眞臘貿易的繁盛。文化方面，「流寓」一條介紹了大量「唐人」寓居其國的情況。周達觀有個老鄉，已經在眞臘住了三十五年。「貿易」一條順帶提及了眞臘人對唐人態度的改變。以前到眞臘定居的唐人較少，眞臘人對唐人的態度比較尊重，隨著在當地定居的唐人增多，眞臘人的態度有了轉變：有些不良之徒也將欺騙等手段用在唐人身上。由此可見，元代人與眞臘人的交流在前代的基礎上又向前有了很大的發展。

　　此後元朝與眞臘的官方交往見於記載者有延祐七年（1320年）元遣馬札蠻等使到眞臘等國取馴象，天曆三年（1329年）眞臘國來貢羅香木及象、豹、白猿等物。〔註8〕元代航海家汪大淵在14世紀30年代曾遊歷吳哥，其著作《島夷志略》記述隨商船所歷諸國，對眞臘記載尤詳。

---

〔註7〕《眞臘風土記》，《古今說海》本，總敘。
〔註8〕宋濂《元史》，乾隆武英殿刻本，卷三十三，本紀第三十三。

## 三、影響分析

束埔寨是東南亞地區一個歷史悠久的文明古國。舉世矚目的吳哥文明，就是由古代的束埔寨人民——高棉人創造的。吳哥王朝在 12 世紀前後達到極盛；15 世紀，因爲受安南、暹羅的威脅，高棉人放棄國都吳哥，從此吳哥古都便逐漸掩藏在叢林中。直到 19 世紀中葉，吳哥文明才重見天日。然而，關於吳哥時代的文明狀況，高棉人並沒有具體訴諸史書。幫他們詳細記錄那個時候風土人情的，是周達觀的《眞臘風土記》。

《眞臘風土記》是現存的唯一一本由 13 世紀後期作者記錄當時吳哥文明的著作，也是現存的唯一一本由吳哥文明時期（9 世紀至 15 世紀）作者較詳細地記錄當時歷史情況的著作。雖然我國史書從漢代開始就有了關於束埔寨地區的歷史記載，從隋朝開始就有了關於眞臘國的記載，但是內容都比較簡略。《元史》甚至沒有《眞臘傳》。就是在束埔寨本國文獻中，也沒一本詳細記載當時吳哥文明繁榮景況的書籍。所以，《眞臘風土記》作爲一部關於吳哥文明時代的最重要的「史書」，受到歷代研究束埔寨歷史的學者的重視。19 世紀初，《眞臘風土記》被譯成法文。19 世紀中葉吳哥文明被法國人發現，雖然有一定的偶然性，但也可以說與《眞臘風土記》不無關係。至於使得後人通過文字瞭解吳哥文明，則此書居功至偉。可以說，如果沒有《眞臘風土記》，我們對吳哥文明中諸多人文細節便一無所知。

《眞臘風土記》記錄的是 13 世紀末的眞臘風土情況。這時吳哥王朝正處於發展頂峰。可以說，周達觀此書就像一幅圖畫，記錄下了吳哥文明最輝煌的一刻。此後，吳哥文明逐漸走向衰落。1431 年暹羅攻破眞臘國都吳哥，眞臘遷都金邊，吳哥城被遺棄，逐漸被森林覆蓋。1819 年，法國 J.P.A.雷慕沙首先將周達觀所著《眞臘風土記》譯成法文。1861 年，法國生物學家亨利・穆奧爲尋找熱帶動物標本，無意中發現這一古跡，通過他大力宣揚，世人對吳哥才加以重視，《眞臘風土記》的重要作用也才更爲突出。

《眞臘風土記》記載內容詳細並眞實可靠，對認識眞臘歷史具有獨特的史料價值。《眞臘風土記》作爲現存與眞臘同時代者對該國的唯一詳細記錄，對現代研究眞臘及吳哥文明起了非常重要的參考作用。正是有了此書，我們今天才可以對吳哥時代留下來的建築雕刻進行更多富有人文氣息的解讀。正是有了此書，那些從歷史滄桑中劫後餘生留存至今的吳哥古跡，才變得有聲

有色，栩栩如生。《眞臘風土記》的作用，正如它所反映的吳哥文明一樣，都是獨一無二、不可替代的。

《眞臘風土記》不僅對於柬埔寨歷史有著不可替代的記載功能，對於元代對外交流特別是與東南亞地區的交流也具備舉足輕重的映像作用。《元史·外國傳》中沒有關於眞臘的記載，因此四庫館臣稱此書文義頗爲賅贍，本末詳具，可補元史佚闕。

元朝是中國對外交流的一個鼎盛期，對外交流達到了一個空前的盛況。元朝與東南亞國家的交往，特別是《眞臘風土記》所記錄的中國與眞臘的交往，就是這種對外交流盛況的一個縮影。即便在中國，在元代之前，沒有一本書像《眞臘風土記》這樣在親自調查的前提下專門、詳細、眞實地記錄一個小國的風土人情。這種對小國風俗的重視和關注，也是元人奄有四海博大胸襟和氣魄的折射。

《眞臘風土記》創作之後受到重視，從明代開始就有各種刊本和抄本：《說郛》本、《古今說海》本、《古今逸史》本、重輯《百川學海》本、《歷代小史》本、《古今圖書集成》本、《四庫全書》本、吳翌鳳抄本等。19世紀初期，法國入侵東南亞地區，此書始爲西方漢學家們所注意。1819年法國的雷慕沙首先將此書譯成法文。1902年伯希和又重新翻譯了一個法文本，這一法文本後來得以修訂增補。《眞臘風土記》還有日文、英文、柬埔寨文和德文翻譯本。在國內，夏鼐先生校注的《眞臘風土記》成爲這一作品校注、研究方面的集大成之作。

《眞臘風土記》是在一個特殊時代的一部特殊的作品：它不僅反映了空前絕後的吳哥文明，而且也反映了空前絕後的元人氣魄。這種文明和氣魄，只屬於那個獨特的時代和空間，不可企及，不可複製。

## 第二節 《安南志略》研究

在元代國外題材筆記中，《安南志略》是比較獨特的一部。它是由外國人定居中國之後撰寫的一部筆記作品。作者黎崱（zè）在元代國外題材筆記作者中，其經歷也是最具傳奇性的。這部作品在現存元代國外題材筆記裏，篇幅最長，卷帙最多，流傳過程中散佚問題也最爲突出。

## 一、傳藏與版本

《安南志略》定稿（完全成書）於 14 世紀 30 年代。在此之前，它已基本成書，爲二十卷〔註9〕。1331 年《經世大典》「書成將進」時，編撰人員受詔將《安南志略》納入《經世大典》，作《安南附錄》一卷。此後，黎崱對《安南志略》又進行了一些修改補充，特別是增加了一些新近發生的事件，並且增補了幾篇名人序言。在 14 世紀 30 年代，又有「好事將板之士」〔註10〕準備出版此書。因此，《安南志略》在 14 世紀 30 年代至少有兩個版本（一是《經世大典》本，二是黎崱自留之本），而且很可能存在第三個版本，即單行刻本。不過，這個單行刻本如果曾經存在，其所據底本是《經世大典》本，還是黎崱自留本（或其傳抄本），就不得而知了。

元代記載甚至收錄《安南志略》的主要是《經世大典》以及蘇天爵《元文類》。《元文類》著錄云：「我國家始定雲南，即出師取安南，事見《征伐》篇。及其來朝，事見《朝貢》、《遣使》等篇。今黎崱所撰《安南志略》，沿革地理、山川、物產、風俗，略備取以著此篇。其封爵有王侯，官稱有御史，輿服法令之僭，擬於天朝。朝廷寬仁，待以遠人而闊略之，而不可載於此，故不書。」〔註11〕

蘇天爵（1294～1352），元代文學家，字伯修，眞定（今河北正定）人。撰著有《元朝名臣事略》、《滋溪文稿》等，生平事蹟見《元史》本傳。蘇天爵所編《元文類》爲元朝詩文選集，本名《國朝文類》，七十卷。該書成於順帝元統二年（1334），共收窩闊台時期至元仁宗延祐時期約八十年間名家詩、文八百餘篇，按文體分作四十三類，故名。《元文類》所記，爲元代著錄《安南志略》之代表。

現存最早著錄《安南志略》的書目是《文淵閣書目》。《文淵閣書目》是關於 15 世紀明朝宮廷藏書的一部國家藏書目錄，於明正統六年（1441），由大學士楊士奇、學士馬愉、侍講曹鼐等奏請皇帝之後編成。該書以《千字文》

---

〔註9〕 書前有諸人之序，其中元明善序及龍仁夫序皆稱此書二十卷，可見此兩序寫作之前，已基本成書。元明善卒於 1322 年，龍仁夫序作於 1318 年。至於書中所紀，至遲有 1336 年之事，當是作者於基本成書之後，又有修改補充。

〔註10〕 《安南志略》，黎崱著，武尚清點校，中華書局 2000 年版。第 6 頁。本論文所謂中華書局本《安南志略》，如果沒有詳細說明，皆指此本。但有時爲閱讀方便，提及此本時也會注明年份（2000 年）。

〔註11〕 蘇天爵《國朝文類》，《四部叢刊》景元至正本，卷四十。

為序，自天字至往字，凡二十號，共五廚，著錄圖書七千二百餘部，四萬兩千餘冊，其中刻本占十分之三，抄本占十分之七。該書目對當時的官府藏書收錄比較齊全，多古本。該書是明代官修目錄，對於考校當時的圖書狀況有重要參考價值。可惜的是，此書著錄不署撰者姓名，甚至多不著卷數。《安南志略》僅有書名四字，更無其他信息。

《絳雲樓書目》也著錄《安南志略》，僅有書名，而無卷數與作者。絳雲樓是錢謙益為江南名妓柳如是而建的，其建於半野堂之後，樓中藏書 73 櫃，多宋刻珍本。後半野堂失火，殃及絳雲，書與樓俱焚。書目為錢氏事後憑記憶撰成。

清代較早著錄《安南志略》的還有倪燦《補遼金元藝文志》、錢曾《錢遵王述古堂藏書目錄》、錢曾《讀書敏求記》、清《續文獻通考》、嵇璜《續文獻通考·經籍考》等書，在這些書中，《安南志略》卷數皆為二十。

清朱彝尊（1629～1709）《曝書亭集》卷四十四有《安南志略跋》一文，也著錄其為二十卷，且云：「天曆中，修《經世大典》，大學士何榮曾以《志略》上進，詔付書局，乃作《安南錄》一卷附入。今《經世大典》已無存，予從海鹽鄭氏抄是書，恨偽字太多，豕三虎六，疑難盡釋，安得更求善本是正之。」〔註12〕

可見，《經世大典》本《安南志略》（《安南錄》）早佚，而《安南志略》於明末清初在海鹽鄭氏家有藏。朱彝尊從鄭氏抄得一本，但此本內容上訛誤很多。朱氏未言內容是否有缺，不過從著錄內容未提及卷數變化看，卷數當完整。

清王士禎（1634～1711）《帶經堂集》有《跋〈安南志〉》一文，也著錄「《安南志》二十卷」〔註13〕。康熙時朱彝尊、王士禎所見，依然為二十卷，而到乾隆時期，嵇璜《續通志·藝文略》（書成於 1785 年）中，《安南志略》已為十九卷。可見，此期間書已佚一卷。《四庫全書總目》也著錄《安南志略》十九卷，為「兩淮馬裕家藏本」。《續通志》，清嵇璜、劉墉等奉敕撰，紀昀等校訂，成書於乾隆五十年（1785 年）。《續通志》成書時間，約與《四庫全書》成書時間同。兩書都是敕撰，都與紀昀等人有關，由此可以推測，此兩書著錄的《安南志略》，很可能是同一部書或同一批書（因為御修《四庫全書》，

---

〔註12〕朱彝尊《曝書亭集》，《四部叢刊》景清康熙本，卷第四十四，跋。

〔註13〕王士禎《帶經堂集》，康熙五十年程哲七略書堂刻本，卷七十二。

在全國範圍內徵集到的《安南志略》可能不止一本），已佚一卷。然而，《四庫全書》正文中，《安南志略》一書之提要（由四庫館臣所撰之序），卻言「《安南志略》二十卷」，正文也是二十卷。武尚清先生將四庫本《安南志略》與現存之上海樂善本《安南志略》（除卷首一卷外，十九卷）等本對照，認爲樂善堂本各卷排列是《安南志略》本來的卷數分佈，而「四庫本」二十卷，則是在底本（兩淮馬裕家藏本，十九卷）「最後數卷進行析合鑿換，以湊足『二十』之數」〔註14〕。

錢大昕是《安南志略》流傳過程中的一個重要人物。現存《安南志略》有兩個系統：一是《四庫全書》系統，另一即爲錢大昕校本系統（簡稱「錢本」系統）。錢大昕自袁壽階處借來《安南志略》一書（該書由胡茨村抄藏，袁氏得自胡茨村），親手校錄並加句讀，時在乾隆五十五年（1790）。後來袁氏所藏他書多散失，此書爲袁氏姻家黃丕烈所得。黃氏云「十九卷」，可能在錢大昕校前已少一卷。黃氏轉錄一本，並加以校勘。後來，錢氏手校本被黃丕烈送給了吳春生。

嘉慶及以後，《安南志略》皆只實有十九卷。不過，此後著錄，有的爲二十卷，有的爲十九卷。著錄的卷數不同，但實際卷數同。著錄二十卷，或者是受了《四庫全書》的影響，或者是諸《元史》「藝文志」編撰的要求。

《安南志略》現存古籍版本，主要有兩個系統：「錢本」系統和《四庫全書》系統。「錢本」系統有兩種：

1、1884年（光緒十年）上海的樂善堂出版的銅活字鉛印本，由日本人岸吟香聚珍印行，除十九卷正文外，還有十一篇書序、一篇自序、一篇總序、目錄、錢大昕少量批註及黃丕烈前後題跋。4冊。10行24字，小字雙行，字數不等，白口，四周雙邊，單魚尾。國家圖書館此書不止一部，其中一部爲國學大師陳垣先生所贈。

2、1979年上海古籍書店刊行複印本。

《四庫全書》系統主要有：

1、文淵閣《四庫全書》本。

2、文津閣《四庫全書》本。

3、國家圖書館藏清抄本。二十卷，3冊。四眼線裝，8行21字，無格。

---

〔註14〕中華書局本《安南志略》，第7頁。

為國家圖書館藏善本。此本有書籤，上有「文瀾閣」字樣，當是從文瀾閣本所抄。

上述各本中，除了上海古籍書店刊行複印本外，國家圖書館都有藏。樂善堂本，國家圖書館網站上還有其電子複印本，可供網上流覽研究。既然有文淵、文津四庫本，也當有文溯閣四庫本（藏甘肅省圖書館）。國家圖書館藏清抄本很可能抄自文瀾閣四庫本，不知抄於何時，無從據此判斷現藏浙江省圖書館的文瀾閣本中是否尚存有《安南志略》一書。北京師範大學有上海古籍書店影印的《安南志略》清抄本，據著錄信息，為 11 行，19 字，白口，四邊單框。則與國家圖書館所藏清抄本不同。

另據武尙清見聞，《安南志略》在國外也有傳本。日本澀江全善、森立之共著《經籍訪古志》著錄此書：「清人鈔本。羽倉用九藏。」此書卷首有「士禮居精校書籍」印記，並有題跋校語，表明該本（當指其祖本）為胡茨村鈔本，並經袁氏五硯樓收藏，經錢少詹假讀手校，嘉慶中黃丕烈傳鈔。〔註 15〕武尙清又曾在河內見過一個殘本，「污損蠹蝕，字跡湮漫，辭文又難連貫」〔註 16〕。

在現代的整理版本方面，則有 1995 年中華書局出版的武尙清點校本《安南志略》，收錄在「中外交通史籍叢刊」中。2000 年中華書局又出版了它與《海外紀事》的合訂本。

## 二、主要內容

《安南志略》原本二十卷，現實存十九卷。該書約成於 14 世紀前三十年中，主要記載元代及元代以前越南與中國的外交關係，以及越南政治、社會、文化狀況。該書內容豐富，記錄可靠，是關於古代越南的珍貴史料，是現今研究越南古代史的重要典籍。

《安南志略》十九卷的基本結構如下：

卷首：有 12 篇序言和 1 篇總序。其中包括 11 篇由元代名人所撰之序，1 篇黎崱所撰《自序》，1 篇《總序》。

卷一：有郡邑、山、水、古跡等，包括行政區劃、地理文化、風俗等方面。

卷二：由「大元詔制」及「前朝書命」組成，記錄中國歷代王朝對越南的詔諭。

---

〔註 15〕中華書局本《安南志略》，第 8 頁。
〔註 16〕中華書局本《安南志略》，第 8～9 頁。

卷三：由「大元奉使」及「前朝奉使」組成，記錄中國歷代王朝對越南所遣使節。

卷四：由「征討運餉」及「前朝征討」組成，記錄中國歷代王朝與越南的戰爭。

卷五：由「大元名臣往復書問」及「前朝書疏」組成，記錄中越兩國官員的往來文書，及中國歷代官員關於對越關係的建策。

卷六：由「表章」及「前代書表」組成，記錄越南對中國的外交文書。

卷七：介紹漢朝及三國時中國派駐越南地區的地方長官。

卷八：介紹中國東吳、兩晉及南朝派駐越南地區的地方長官。

卷九：介紹中國唐朝派駐越南地區的地方長官。

卷十：為「歷代羈臣」，記錄中國歷代遷移到越南的士大夫。

卷十一：介紹趙氏世家、五代時僭竊、丁氏世家、黎氏世家的歷史。

卷十二：介紹李氏世家的歷史。

卷十三：介紹陳氏世家和內附元朝的陳朝宗室侯王。

卷十四：有「學校」、「官制」、「章服」等，介紹越南古代教育、官制、刑法、兵制等典章制度，以及越南歷代對中國所遣的使節。

卷十五：介紹人物和物產。

卷十六：記錄歷史事蹟及中越古代文人所作的有關越南的詩文。

卷十七：記錄元代中越兩國士大夫交流過程中所作的相關詩文。

卷十八：記錄安南文人詩。

卷十九：由《圖志歌》及《敘事》組成。

　　由此可見，《安南志略》除卷首和第十九卷外，內容可以分為兩大類。第一大類是關於安南國情況的介紹，包括：卷一介紹安南的地理、風土和地方建制；卷十一至卷十三介紹歷代越南王朝的歷史；卷十四、十五介紹越南教育、官制、人物、出產等；卷十八記錄越南歷代文人詩。第二大類是關於中越關係的內容。包括：卷二至卷六介紹中越兩國自古以來的文書來往、使節互派、交戰情況；卷七至卷十介紹中國歷代駐越的行政長官和遷越的士大夫；卷十六和卷十七記錄兩國詩文交流情況。

　　《安南志略》所載黎崱自序，末尾所署時間存在疑問。《自序》末署「元統初元乙卯春清明節古愛黎崱序」〔註17〕。正如武尚清先生指出的，元統僅

〔註17〕《安南志略》樂善堂本。又見《安南志略》中華書局本，第12頁。

有「癸酉」和「甲戌」，沒有「乙卯」，他懷疑此年當為「己卯」，即後至元五年（1339）。筆者同意這一猜測，並且認為，這一猜測基本可以作為定論。因為《自序》中稱「內附聖朝，至是五十餘年矣」〔註18〕。黎崱內附於1285年，則說明此序作於1336～1346年間。1336為丙子年（後至元二年），1346為丙戌年（至正六年）。綜合考慮，唯有1339年（後至元五年，己卯）最為可能。原文當為「元統至元己卯」或「元統帝至元己卯」，之所以要加「元統」或「元統帝」，是為了通過這個「定語」，將後至元與前至元區別開；或者更可能的是：通過「元統至元」這個定語，把「己卯」這一時間明確化。將兩個連續的年號放在一起指稱一段時期，在古代也是一種常見的標示時間的方式。如「元貞大德間」、「中統至元中」、「元統至元年」之類皆是；「元統至元己卯」的意思即「元統至元期間的那個己卯年」。但是在後來流傳過程中，「元統至元」被人誤會成「元統初元」，於是「至」被改為「初」。至於「己卯」被誤抄為「乙卯」，則在古籍抄寫過程中也是常見之事。《安南志略》卷十三「內附侯王」一條，有「至元乙丑，卒於（漢陽）」一句；武尚清已論證，該句中「乙丑」係「己丑」之誤〔註19〕。《安南志略》又有將「丁亥」誤抄為「乙亥」的。如卷十三「內附侯王」一條，有「至元乙亥，各賜弓矢、錢物、鞍馬，隨師南討」一句，即屬此類。〔註20〕多見古籍且經常抄書的魯迅，在小說中給主人公取個名字叫「孔乙己」，靈感除了來自於作為蒙學讀物的描紅紙，恐怕也與他長期抄書看書的體會有關。「乙己」，實在是一個比「魯魚亥豕」更典型的例子。考慮到上述因素，「元統至元己卯」在幾百年的傳抄過程中確實很容易被誤抄成「元統初元乙卯」。據此，黎崱《自序》當作於後至元六年（己卯，1339）無疑。

《安南志略》卷十四末尾紀安南遣使元廷時，編年止於至元己卯。因此條與上一條「至元丁丑」一起位於「改元元年」（即後至元元年，1335）之後，所以武尚清先生認為此「至元丁丑」為後至元三年（1337，丁丑），此「至元己卯」為後至元五年（1339，己卯）。〔註21〕

然而據筆者研究，關於此兩條紀事之位置，樂善堂本、文淵及文津《四

---

〔註18〕《安南志略》樂善堂本，《自序》。
〔註19〕《安南志略》樂善堂本，卷十三。又見《安南志略》中華書局本，第319～320頁。
〔註20〕《安南志略》樂善堂本，卷十三。又見《安南志略》中華書局本，第319～320頁。
〔註21〕《安南志略》樂善堂本，卷十四。又見《安南志略》中華書局本，第337頁。

庫全書》本《安南志略》皆誤。「至元丁丑」一條，紀安南遣潘公直、阮必照入貢；「至元己卯」一條，紀安南遣大夫陳國寶〔註22〕入貢。據明李文鳳《越嶠書》卷五載，安南遣潘公直、阮必照入貢，在前至元丁丑（至元十四年，1277）；陳國寶來貢，在前至元己卯（至元十六年，1279）。書中兩處原文分別如下〔註23〕：

（1）十三年二月，陳光昺遣黎克復、黎文粹入貢，以所奏執都闐、輸納貢物事屬不敬，上表謝罪，並乞免六事。十四年，陳光昺死，國人立其世子日烜，遣中侍大夫同仲彥、中亮大夫吳德邵來朝，大夫潘公直、阮必照來貢。

（2）十六年陳日烜遣中贊杜國計、鄭廷瓚奉表陳情。……是年，留來使鄭廷瓚，復命柴椿引杜國計還諭入覲。世子以疾辭，柴公以理詰難之。世子懼，遣族叔陳遺愛代覲，黎仲佗副之；遣大夫陳國寶貢。

《越嶠書》爲明人所編撰，其大量的內容引自《安南志略》。如筆者前文所考證，《安南志略》的佚卷和「錯簡」主要發生在大約雍正、乾隆時期。因此，《越嶠書》雖然內容上不嚴整，但相當一部分內容保留了《安南志略》的原貌，成爲我們現在恢復《安南志略》原貌的關鍵史料。此兩條內容，現存《安南志略》與《越嶠書》不一致，且《越嶠書》內容要比現存《安南志略》詳細。綜合上述情況考慮，可以認爲，此處當以《越嶠書》爲準。

## 三、影響分析

《安南志略》是現存較早的一部越南歷史典籍，因其範圍廣闊、內容豐富、信息可靠，被譽爲「一部頗具規模的越南通史」〔註24〕。

安南是越南的古稱。安南一名，大概始於唐朝，當時越南由唐朝安南都護府管轄。古代越南從秦朝開始，長時間隸屬中國。五代十國時，越南發生叛亂，獨立成國。宋元時期，安南對於中國而言，基本上保持著藩屬國的模式，名義上臣屬，管理上獨立，但其國王由中國所封，並有按期進貢之規。宋時軍備鬆弛，安南經常不臣不貢，宋政府也不甚約束。元朝時，奄有四海，

〔註22〕樂善堂本爲「陳國寶」，四庫本爲「陳國寶」。
〔註23〕李文鳳《越嶠書》，明藍格鈔本，卷五。
〔註24〕《安南志略》，中華書局2000年版，前言，第3頁。

曾一度出兵欲征服東南亞地區，元世祖時，這種想法尤其強烈。但由於風土、地理等原因，征戰、駐兵往往不利；又由於語言、風俗等原因，無法佔而據之。每次出兵，元兵雖勝多負少，但總無法如願。仁宗即位後，對安南在內的東南亞地區，便主要採取了安綏策略，認可了藩屬模式：封王和入貢。雙方此後的爭端，便主要由於安南不臣（新王沒有經過元廷認封便即位稱王，或國王世子不親自來朝，或不遣使入貢）導致。而不臣的原因，有時由於安南內部政權更迭或不想臣服，有時由於元朝邊將或使臣囂張求利。安南與元廷就在這種不算經常的戰爭之間，在這種常有變化的狀態之中，基本保持著若即若離但還算穩定的臣屬關係。

元時兩國交往比較頻繁，《元史》、《安南志略》等史料中記載了安南多次遣使來朝，元廷也多次遣使前往詔諭。黎崱是在兩國交戰期間，隨著被安南國世子強迫應戰元軍的宗室陳鍵內附元廷的。他對中原文化有嚮往之心，入元後便定居漢陽，以文化活動爲主要生活內容，著述創作，多與文人交遊。他不僅具有一個文人的著述留世意識，而且具有一名史學家的記錄責任感。他有感於安南歷史的湮沒，便收集相關史料，撰成了這部具有越南通史功能的《安南志略》。

《安南志略》撰成之後，在當時就影響很大。元修《經世大典》將之收入，作《附錄：安南》（也稱《安南錄》）一卷。程鉅夫在《黎景高詩序》中就讚揚道：「予嘗讀黎君景高《安南志》、《郎官湖記》等作，未始不擊節驚歎，去之，耿耿不能忘於心。」〔註25〕雖然文人贈答之作多以褒賞爲習，但程鉅夫這樣的名人用「擊節驚歎」、「耿耿」之語，說明《安南志略》確有其價值。

明時成書的《越嶠書》，就大量引用了《安南志略》的內容。《越嶠書》二十卷，明李文鳳撰。文鳳，字廷儀，號月山子，廣西宜山人。嘉靖十一年（1532）進士，官至雲南按察司僉事。朱彝尊《曝書亭集》稱此書「大致以黎崱《安南志略》爲藍本，益以洪武至嘉靖事」〔註26〕。李氏以安南爲越之荒嶠，故名曰《越嶠書》；《千頃堂書目》和《明史‧藝文志》均作《粵嶠書》。此書《四庫全書》收入存目，流傳極少；撰成後也久無刊本，輾轉傳抄，導致現存之書有不少錯誤。此書約三分之一內容錄自《安南志略》。然而，其自序中並沒有提及《安南志略》，因此顯得有掠美之嫌。此書也無他人之序，或

---

〔註25〕程鉅夫《雪樓集》，文淵閣《四庫全書》本，卷十五。
〔註26〕朱彝尊《曝書亭集》，《四部叢刊》景清康熙本。

是正因此短。然而現在看來，由於《安南志略》本身在流傳過程中存在內容佚失錯亂現象，《越嶠書》的「抄襲」之短，反而因爲具有了一種備份功能，而變成了一個優點。

　　《安南志略》作爲一部越南通史，保存了大量詳實的史料。武尙清先生就指出，「它是自遠古至元朝這一階段最早的一部越南史。」〔註27〕《安南志略》內容廣泛，包括越南古代政治、文化、軍事、外交、經濟等多個方面。同時內容詳實可靠，有些內容更可糾正其他典籍之誤。四庫館臣就曾指出：《元史》中載「宋封丁部領爲交趾郡王，其子璉亦爲王。傳三世，爲李公蘊所奪」，認爲李公蘊從黎氏奪權；而《安南志略》則清楚記錄了黎桓篡丁、李公蘊篡黎的情況。這方面，武尙清先生也舉了多個例子。因此，清周中孚《鄭堂讀書記》說，《安南志略》「所述安南一國事蹟，核之《元史・列傳》，多相出入，當以東山所目擊者爲確。疑當時修史諸臣未曾見是書也。是書紀載賅贍，條理分明，雖與明鄭麟趾《高麗史》體裁各別，詳略亦相懸殊（鄭氏書一百三十九卷），而有資於考證則一也」。〔註28〕

　　《安南志略》之前，中國史籍中關於越南一地的史料不多，越南史料一般以正史中記載的爲主。元代是一個爲國外各國單獨立史的時代，這是史家意識延伸到國際領域的表現。在外國之史由附庸於正史向著單獨撰史轉變的過程中，《安南志略》是一個意義非凡的里程碑。

---

〔註27〕《安南志略》，中華書局 2000 年版，前言，第 3 頁。
〔註28〕周中孚《鄭堂讀書記》，民國吳興叢書本，卷二十六，史部十二。

# 第四章 《島夷志略》與《異域志》研究

## 第一節 《島夷志略》研究

　　汪大淵的《島夷志略》撰於 14 世紀中期，是記錄作者航海所歷國家、地區之概況的一部元代筆記。該書除序言外，有一百條。每條主記一國或一地，兼論他國他地，「涉及國家和地區達二百二十餘個」〔註1〕，廣泛分佈於今亞、非等地。所記對象多爲島國，且多爲作者「身所遊覽」或耳目所親見親聞之地〔註2〕，所記內容一般爲地理、人物、風俗、物產、貿易之類。該書上承宋《嶺外代答》、《諸蕃志》，下啓明《瀛涯勝覽》、《星槎勝覽》等書，成爲一部記錄元代國外諸國的重要代表著作。

　　《島夷志略》亦名《島夷志》，約成書於元至正九年（1349，己丑），書成後被收入吳鑒編輯的《清源續志》。次年，汪大淵從泉州歸江西，準備在江西刊印此書的單行本，爲此請時在泉州的張翥作序。由此可見，《島夷志略》一書在成書初期便有兩個版本：一爲吳鑒在泉州刊印的《清源續志》所收本，另一爲汪大淵在江西刊印的單行本。

### 一、傳藏與版本

　　《清源續志》是《清源志》之續志。清源郡即泉州，是宋元時期的著名

〔註 1〕汪大淵原著，蘇繼廎校釋《島夷志略校釋》，中華書局 1981 年版，第 2 頁。爲姚楠先生的觀點。本論文提及中華書局本《島夷志略》時，如無更多的版本信息，即指此本。

〔註 2〕見作者自序。最後一條「異聞類聚」則記多地，且錄自他書。

港口。唐時名泉州，後改州為郡，易名清源郡；後清源郡又復為泉州。五代南唐時，泉州升為清源軍。北宋時，清源軍曾一度改為平海軍，不久又恢復泉州之稱。《清源志》也稱《清源前志》，南宋慶元五年（1199，己未）戴溪纂，太守劉穎修，有七卷，《宋史‧藝文志》、陳振孫《直齋書錄解題》等有著錄。也有人認為此書成書於嘉泰初元（1201，辛酉）〔註3〕。因嘉定十年（1217）程卓感於清源有志無集，命李方子編《清源文集》，所以後來有人誤以為程卓、李方子修過《清源志》，而稱慶元、嘉泰之《清源志》為「嘉定志」。淳祐十年（1250，庚戌）泉州太守韓識命徐明叔、王稼等人修《清源新志》十二卷，起自嘉泰元年（1201，辛酉），終於淳祐十年，劉克莊有跋記其概略。《清源新志》也稱《清源後志》或「淳祐志」。元至正九年（1349），泉州達魯花赤偰玉立鑒於《清源前志》「放失」〔註4〕，囑吳鑒等人修《清源續志》二十卷。吳鑒之序作於至正十一年，大概此書成於此年。

　　偰玉立（約1294～？），字世玉，號止堂，高昌畏吾人。祖上曾居偰輦河，便以偰為姓。偰玉立為延祐五年進士，歷任秘書監著作佐郎、翰林待制、泉州路達魯花赤、海北海南道肅政廉訪使等職。〔註5〕他在泉州期間，築城濬河，建橋修校，賑貧救乏，多有政績。他重視文化，發現泉州地方志久未續修，便請三山吳鑒負責修纂《清源續志》。

　　《清源續志》在《文淵閣書目》、《元史藝文志》等書中都有著錄〔註6〕，然今已不存。所以其所收《島夷志略》一書未能流傳下來。張翥為汪大淵所作之序，在汪大淵即將離開泉州回鄉之時，此序乃為汪氏計劃在江西刊印的單行本而作，很可能沒有收入《清源續志》所收《島夷志略》之中。據現存之本〔註7〕都有張翥之序及明嘉靖戊申（1548）袁表題記看，現在保存下來的

---

〔註3〕見真德秀《西山文集》，《四部叢刊》景明正德刊本，卷二十七，《〈清源文集〉序》。

〔註4〕《島夷志略校釋》，中華書局1981年版，第8頁。

〔註5〕楊鐮《元代文學編年史》，山西教育出版社，2005年，第466頁。

〔註6〕《文淵閣書目》中著「《泉州路清源志》十二冊」。因泉州設路，在至元十五年（1278），故蘇繼廎先生認為此即《清源續志》之正稱。見《島夷志略校釋》，中華書局1981年版，第7頁。

〔註7〕現存主要版本有「四庫本」、「丁本」、「龍本」、「彭本」四種。見《島夷志略》中華書局本，第15頁。後三種皆有張翥、吳鑒及作者自序。蘇繼廎先生所據四庫本為文津閣本，無此三序。然據筆者所查，文淵閣四庫本《島夷志略》收有此三序。

《島夷志略》，其祖本當是汪大淵在江西刻印的單行本；此單行刻本後流傳至明中葉，有一本（可能是刻本，也可能是抄本）經袁氏收藏。此袁氏收藏本又成爲現存各本的共同源頭。

《四庫全書》所據底本爲浙江范懋柱家天一閣藏本。據伯希和考證，「天一閣本爲《四庫》本開館時所徵集。然《四庫全書》完成後並未發還閣中，故 1808 年（嘉慶十三年）阮元所編《天一閣書目》中，即未載有此書，亦不言及當時進呈之事。」〔註8〕

·雖然元時《島夷志略》有刻本，然而在《四庫全書》成書之前，明清時著錄多未提及是刻是抄。僅個別藏書家如錢曾言其所見爲抄本。《四庫全書》成書之後，則抄本居多。如阮元（1764～1849）《文選樓藏書記》、張金吾（1787～1829）《愛日精廬藏書志》、丁丙（1832～1899）《善本書室藏書志》、陸心源（1834～1894）《皕宋樓藏書志》、丁立中（1866～1920）《八千卷樓書目》皆著爲抄本。其中丁氏《善本書室藏書志》著錄之本，今藏南京圖書館。蘇繼廎先生發現其似據《四庫本》過錄。〔註9〕張金吾、陸心源之本，明言據文瀾閣所抄。這表明，《四庫全書》對於《島夷志略》的傳藏發揮了重要作用。

清時彭元瑞、李文田藏有一個抄本。彭元瑞爲四庫館編纂人之一，然而其所藏抄本與四庫所用天一閣本不同。〔註10〕清光緒十八年（1892），順德龍鳳鑣在北京刊印《知服齋叢書》，其中便有《島夷志略》。其底本，據自同縣人李文田校本。蘇繼廎先生認爲，《島夷志略》在明代未聞有刻本，當時藏書家即便藏有刻本，也當爲汪大淵所刊單行本。而龍鳳鑣於 1892 年所刊，爲《島夷志略》在明清時期的唯一刊本。〔註11〕

《島夷志略》注釋者，主要有四家：一爲沈曾植《島夷志略廣證》，一爲日本藤田豐八《島夷志略校注》，一爲美國柔克義之譯注，一爲蘇繼廎校釋本。《島夷志略》的整理研究成果，除了上述四家的整理校注，尚有馮承鈞、鄂盧梭、伯希和、桑田六郎對此書的一些考證。馮承鈞、柔克義、鄂盧梭、伯希和、桑田六郎的考證成果，中華書局本《島夷志略》附錄有載。

〔註 8〕《島夷志略校釋》，中華書局 1981 年版，第 397 頁。
〔註 9〕《島夷志略校釋》，中華書局 1981 年版，敘論，第 13 頁。
〔註10〕《島夷志略校釋》，中華書局 1981 年版，敘論，第 12 頁。
〔註11〕《島夷志略校釋》，中華書局 1981 年版，敘論，第 12～13 頁。

　　《島夷志略》現存的古籍版本主要有「四庫本」、「丁本」、「彭本」、「龍本」四種。

　　1、四庫本。即《四庫全書》本，有文淵閣四庫本、文津閣四庫本等。國家圖書館有藏。四庫本據自天一閣本。

　　2、丁本。丁氏竹書堂藏本（即丁氏《善本書室藏書志》著錄之本）之過錄本，爲抄本，今藏南京圖書館。

　　3、彭本。彭元瑞知聖道齋藏本，爲校抄本。國家圖書館有藏。10 行 24 字，白口，四周單邊。

　　4、龍本。清光緒十八年（1892）順德龍鳳鑣在北京刊印的《知服齋叢書》本。國家圖書館有藏。《知服齋叢書》二十五種。13 行 22 字，小字雙行同，黑口，左右雙邊，雙魚尾。

　　上海書店出版社影印《叢書集成續編》本《島夷志略》，即據《知服齋叢書》本。末有「順德龍鳳鑣校刊」一句。前有四庫提要、張翥序、吳鑒二序，後有袁表之跋。跋後有手書字一行：「此書思之有年而不可得見，舊歲始得此新刻本，僞脫殊甚，不能讀也。」此行字不知係何人所加。福建晉江地區文物管理委員會於 1975 年刊印順德龍鳳鑣知服齋刊本，爲 11 行，26 字，字體不同於光緒十八年龍鳳鑣刻本，似爲手寫體。

　　國家圖書館藏有一個清末抄本，1 冊。有綠格。每半頁 13 行，行 30 字，版心有「知服齋叢書」字樣，當抄自龍氏知服齋本。並抄有沈曾植廣證之內容。沒有序。

　　民國至今的整理本，最主要的有以下幾種：

　　1、《國學叢刊》本藤田豐八校注本

　　羅振玉輯《國學叢刊》有藤田豐八校注本《島夷志略》。《國學叢刊》共 43 種，18 冊，於民國 3 年（1914）鉛印。藤田豐八校注本在第 13 冊。該本 10 行，24 字，小字雙行同，白口，四周單邊，單魚尾。

　　2、《雪堂叢刻》本藤田豐八校注本

　　羅振玉後來又輯有《雪堂叢刻》，也收有藤田豐八《島夷志略校注》。《雪堂叢刻》於民國 4 年（1915）鉛印，共 52 種，20 冊，藤田豐八校注本在第二十五種，第 10 冊。該本 10 行，24 字，小字單雙行同，白口，四周單邊，單魚尾；牌記題「上虞羅氏校刊」。

### 3、沈曾植《島夷志略廣證》

《島夷志略廣證》二卷，汪大淵撰，沈曾植廣證。有《古學彙刊》本。《古學彙刊》由鄧實、繆荃孫合編，上海國粹學報鉛印，自 1912 年至 1914 年 8 月，兩月一期，有二集六十一種，鉛印本。叢書共 32 冊，《島夷志略廣證》在第一集輿地類，第 5～6 冊。該本 12 行，32 字，小字雙行同，黑口，四周單邊，單魚尾。

### 4、《叢書集成續編》本

有臺灣版的《叢書集成續編》和上海書店出版社《叢書集成續編》。兩叢書名同，而實不同。臺灣版的《叢書集成續編》由臺北市新文豐出版公司於 1988 年編輯出版，叢書共 148 種，精裝 280 冊。這是為續臺灣新文豐出版公司的《叢書集成新編》而成。上海書店出版社的《叢書集成續編》於 1994 年出版，是續商務印書館的《叢書集成初編》而成，與臺灣版無關。新文豐影印本僅有《島夷志略校注》一書，上海書店出版社影印《叢書集成續編》本則包括三種書：（1）《島夷志略》一卷，汪大淵撰；（2）《島夷志略廣證》二卷，沈曾植撰；（3）《島夷志略校注》一卷，（日）藤田豐八撰。

### 5、馮承鈞譯法國伯希和注本

### 6、蘇繼廎校釋本。中華書局於 1981 年出版

《島夷志略》又有法文、英文版，見《島夷志略》中華書局本第 396 頁。此外，還有以下幾種現代整理本。

1、遼寧教育出版社，汪前進譯注。無袁表跋。

2、伊犂人民出版社，文白對照。與《山海經》合訂。

3、藍天出版社，傳世名著百部。與《大唐西域記》合訂。無袁表跋。

4、團結出版社，《四庫全書》精品。李安山校點。

5、上海古籍出版社，山川風情叢書。

6、大通書局，臺灣文獻史料叢刊。

7、宗青圖書，臺灣方志集成第一輯清代篇 6。

8、臺灣銀行，臺灣文獻叢刊。

9、中國文史出版社，《四庫全書》精編。

10、中國史學叢書，續編 35，中國南海諸群島文獻彙編。

11、青海人民出版社，中國古典名著。第十二卷。

12、中國戲劇出版社，龍之魂。

上述十二種整理本，主要據自國家圖書館等圖書館之圖書檢索結果，其中筆者所見爲前四種。就此四種而言，前兩種皆有全文翻譯，較有特色。其中汪前進先生譯注本採用全文翻譯並略輔以注的方式，其注多本於蘇繼廎校釋。書中導言前半部分介紹汪大淵及《島夷志略》，內容也多本自中華書局本。然導言後半部分分析書中物產，具有學術價值。藍天出版社一書有《名著通覽》一文，集中敘述《島夷志略》所記99地與今天地理的對應，值得借鑒。然該《名著通覽》之內容，多與伊犁人民出版社文白對照本之「導讀」高度重複而內容更少，不知兩者關係如何。團結出版社的「《四庫全書》精品」本，沒有校點說明，更無校記，據筆者粗覽，當主要據自文淵本，文淵本的闕字，則以他本補之。

　　《島夷志略》一書共100條，提及的國家與地區約二百二十個，詳細記載了它們的風土人情、物產、貿易，是不可多得的寶貴歷史資料。該書繼承借鑒了宋代《嶺外代答》、《諸蕃志》等筆記作品記錄多國多地的題材和形式，同時又具有親歷親聞的特點，這一特點對明代國外題材筆記影響很大，從而激發了《瀛涯勝覽》、《星槎勝覽》等一批著作的產生。

## 二、主要內容

　　《島夷志略》是一部主要記述海外諸島國見聞的國外題材筆記著作。全書不計序言，共一百條，除最後一條《異聞類聚》外，每條主記一國或一地，兼及他地。書中提及的亞、非洲的國家與地區約二百二十個，主要集中在印度洋地區，多爲島國與濱海之地。

　　每一條篇幅不長，一般記載地理、人物、風俗、物產、貿易等情況。如《島夷志略》「加里那」一條：

> 國近具山，其地磽确。田瘠，穀少。王國之亞波下，有石穴深邃。有白牛種，每歲逢春產白牛，仍有雌雄，酋長畜之，名官牛，聽其自然孳育於國。酋長以其繁衍，因之互市他國，得金十兩，厥後牛遂不產。
>
> 氣候稍熱。風俗淳厚。男女髡髮，穿長衫。煮井爲鹽，釀椰漿爲酒。地產綿羊，高大者二百餘斤，逢春則割其尾，用番藥搽之，次年，其尾復生如故。貿易之貨，用青白花碗、細絹、鐵條、蘇木、水銀之屬。〔註12〕

〔註12〕《島夷志略》，光緒十八年龍鳳鑣《知服齋叢書》本。

文中先記山水田地等地理環境，次記動植物等經濟物產，記物產時已雜以風俗。又次記氣候，記風俗，記人物外觀服飾，記人民生活習慣。最後記貿易。記生活和貿易時，實又兼有記物產情況。《島夷志略》一書，記錄結構大致如此。

　　《島夷志略》也記載保存了關於中國在元代的一些情況。書中記載了臺灣部分轄地及澎湖等地是我國的領土，當時臺灣部分轄地屬澎湖，澎湖屬泉州晉江縣，鹽課、稅收歸晉江縣。書中多處記載了華人在海外的情況，例如「馬魯澗」一條記敘了一名本來領兵鎮甘州，後因征討馬魯澗而長居於此的陳姓元將。蘇繼頎先生以爲馬魯澗指伊兒汗國最早的都城蔑剌哈〔註13〕。「龍牙門」一條記載龍牙門（今新加坡）「男女兼中國人居之」。又如「古里地悶」一條記錄古里地悶（今帝汶島）有泉州商人往來。其他如記錄元朝出征爪哇的軍隊中有一部分官兵仍留在勾欄山（今格蘭島）；在沙里八丹（今印度東岸的馬蘇利帕塔姆），有中國人在 1267 年建造的中國式磚塔，等等。這些記載對於後人瞭解元代政治、社會和對外交流有重要參考作用。

　　《島夷志略》行文基本以敘述爲主，偶有評論。有時，敘述與評論交織在一起，使得行文生動形象，富有趣味。如「萬里石塘」一條。

> 石塘之骨，由潮州而生，迤邐如長蛇，橫亘海中，越海諸國。俗云萬里石塘，以余推之，豈止萬里而已哉？舶由玳嶼門掛四帆，乘風破浪，海上若飛。至西洋或百日之外，以一日一夜行百里計之，萬里曾不足。故源其地脈，歷歷可考。一脈至爪哇，一脈至勃泥及古里地悶，一脈至西洋，極崑崙之地。蓋紫陽朱子謂海外之地，與中原地脈相連者，其以是歟？觀夫海洋泛無涯涘，中匿石塘，孰得而明之？避之則吉，遇之則凶。故子午針人之命脈所繫，苟非舟子之精明，能不覆且溺乎？吁！得意之地勿再往，豈可以風濤爲徑路也哉？〔註14〕

全文主要敘述萬里石塘的地理位置、距離、島嶼分佈及對人的影響。突出了萬里石塘的廣闊和危險。夾敘夾議，有聲有色。不過，就全書而言，此類議論不多。

---

〔註13〕《島夷志略》，光緒十八年龍鳳鑣《知服齋叢書》本。亦見《島夷志略校釋》，中華書局 1981 年版，第 361 頁。

〔註14〕《島夷志略》，光緒十八年龍鳳鑣《知服齋叢書》本。亦見《島夷志略校釋》中華書局 1981 年版，第 318 頁。

## 三、影響分析

《島夷志略》最初是為泉州地方志而撰寫的。自序中汪大淵說「皆身所遊焉，耳目所親見，傳說之事則不載焉」。不過，在正式回應吳鑒請求之前，特別是在旅途中，汪大淵已開始了此書的撰寫——用筆記錄途中見聞。汪大淵曾兩次隨商船遊歷東西洋許多國家和地區，所到一地，皆記其山川、習俗、風景、物產以及貿易等情況。至正九年（1349）他路過泉州，適泉州路達魯花赤偰玉立命吳鑒修《清源續志》，由於泉州為海舶集中之所，為了體現這一特點，便請汪大淵著書介紹國外情況。他撰成《島夷志》，附於《清源續志》之後。

《島夷志略》記錄了作者隨海船經歷的國外諸地，從而反映出元時沿海各港口的遠洋航行能力和對外經濟聯繫狀況。泉州是宋元時期的著名港口。泉州之名及建制始於唐景雲二年（711），由武榮州改名而來。開元時泉州轄南安、莆田、龍溪、清源、晉江五縣。天寶元年（742），唐廷下詔改州為郡，泉州易名清源郡，屬嶺南道。下轄之原清源縣改名為仙遊縣。乾元元年（758），清源郡復為泉州。五代南唐時，泉州升為清源軍。北宋時，清源軍曾一度改為平海軍，不久又恢復泉州之稱。北宋時，泉州設市舶司〔註15〕，後一度被廢。南宋初，復設福建（泉州）提舉市舶司。至元十四年（1277），元朝政府在攻取浙、閩等地後，立即在泉州、慶元（今浙江寧波）、上海、澉浦（今屬浙江海鹽）四處港口設立市舶司。後來又陸續添設廣州、溫州、杭州三處。經過裁併，到13世紀末，只在慶元、泉州、廣州三處港口設置。因此，在汪大淵航海時，泉州不僅是一個歷史比較長久的航海港口，也是當時對外貿易港口中最重要的幾個港口之一。

《島夷志略》詳細記載了諸島國和濱海地區的風土人情、物產、貿易。所記皆多親自經歷，因此書中內容成為不可多得的第一手歷史資料。這些記載對於後人瞭解元時海外各地區的狀況，以及元朝的對外交流情況，具有重要參考作用。

記錄作者親身經歷，是《島夷志略》的一個顯著特色。知服齋本《島夷志略·張翥序》載：「汪君煥章當冠年，嘗兩附舶東西洋，所過輒采錄其山川、風土、物產之詭異，居室、飲食、衣服之好尚，與夫貿易賫用之所宜，非親見不書，則庶乎其可徵也。」元之前，描寫海外島國的書籍，有代表性的主

---

〔註15〕市舶司是管理海運進出境的專職機構。市舶司制度始於唐代，終於明代。

要是《嶺外代答》和《諸蕃志》。但是這兩部書不是由作者現場調查而撰，而是摘自歷史資料。《島夷志略》則不同，它是汪大淵親身航海記其所見所聞而成，且內容準確可靠。正因爲《島夷志略》是作者親歷所記，所以此著作長期以來都受到學者重視。《四庫全書總目》評價此書云：「諸史外國列傳秉筆之人，皆未嘗身歷其地，即趙汝適《諸蕃志》之類，亦多得於市舶之口傳。大淵此書，則皆親歷而手記之，究非空談無徵者比。」〔註16〕

　　《島夷志略》對明清兩代的歷史地理著作產生的影響較大。隨鄭和下西洋的翻譯官馬歡曾閱讀《島夷志》，他在《瀛涯勝覽序》中寫道：「余昔觀《島夷志》，載天時、氣候之別，地理、人物之異，慨然歎曰：普天下何若是之不同耶？……歷涉諸邦，其天時、氣候、地理、人物，目擊而身履之，然後知《島夷志》所著者不誣。」〔註17〕

　　明時費信所著《星槎勝覽》引用了不少《島夷志略》的內容。費信跟馬歡一樣，也曾隨鄭和下西洋。他每到一地，便「伏几濡毫，敘綴篇章，標其山川夷類物候風習，諸光怪奇詭事，以儲採納，題曰《星槎勝覽》」〔註18〕。《星槎勝覽》該書分前集與後集，其中後集爲採輯舊說傳聞而成，其中相當一部分內容採自《島夷志略》。

　　明代地理學家張燮撰寫的《東西洋考》也引用了《島夷志略》，如「舊港」、「啞齊」等條。《東西洋考》記載了東西洋諸國和地區的歷史沿革、形勢、物產和貿易狀況。所引作品多部，包括《水經注》、《宋史》、《唐書》、《元史》、《島夷志》、《大明一統志》、《瀛涯勝覽》、《真臘風土記》和多種海道針經等。明時又有鞏珍《西洋番國志》一書，「內容與馬歡《瀛涯勝覽》幾全然相同，惟語句略有出入」〔註19〕。

　　明時御修《寰宇通志》和《明一統志》也有多處引用《島夷志略》中的材料。另外，清修《古今圖書集成》中，也有《島夷志略》的內容。魏源《海國圖志》引有數條《島夷志略》的記載。清文廷式《純常子枝語》中有多處引用《島夷志略》。

　　《島夷志略》一書，由於涉及範圍廣泛，記錄可靠，成爲今人研究元代

---

〔註16〕永瑢《四庫全書總目》，乾隆武英殿刻本，卷七十一，史部二十七。
〔註17〕馬歡《瀛涯勝覽》，明亦政堂刻本，序。
〔註18〕費信《星槎勝覽》，嘉靖《古今說海》本，序。
〔註19〕《島夷志略校釋》，中華書局1981年版，第391頁。

海外貿易和 14 世紀亞非各國史地的重要資料，從而爲中外學者所重視。近人研究它的主要著作有沈曾植的《島夷志略廣證》、日本藤田豐八的《島夷志略校注》。美國柔克義將該書一半以上譯成英文並加以考釋。法國漢學家額盧索、費朗曾分別在 1914 年和 1922 年將《島夷志略》的一些篇章翻譯成法文發表。1915 年藤田豐八將之譯成日文。

可以說，在記錄國外多個國家的筆記領域，《島夷志略》開啓了由摘抄式向遊歷式轉變的大門，對國外題材筆記格局產生了顯著影響，從而確立了它在國外題材筆記領域中里程碑式的地位。

# 第二節　《異域志》研究

《異域志》原名《嬴蟲錄》，是元代周致中在元之前輿地資料的基礎上，結合自己的見聞而撰寫的記錄各國奇風異俗的一部元代筆記。書經明人重編，並改爲今之書名。該書著錄 210 個國家和民族，編爲 175 條〔註 20〕。主要略述其地理、物產、人物、風俗等情況，所記述範圍包括亞洲、非洲各地〔註 21〕。

《異域志》的成書時間，主要有兩種說法：一說成書於元末；一說成書於明初。兩說各有其理。筆者認爲，此書當撰於元末，後經明初人重編，加入了少數帶有明代印記的內容。

## 一、傳藏與版本

《四庫全書》編撰時將《異域志》列爲存目，四庫館臣爲《異域志》所撰提要中提及了此書原有胡惟庸之序和開濟之跋。提要引用胡序說吳元年丁未胡惟庸出鎮江陵時，處士周致中將《嬴蟲錄》獻於胡惟庸軍門。提要引用開濟之跋說此書由開濟之兄「得之青宮，乃國初之故物。今吾兄重編，更其名曰《異域志》」〔註 22〕。提要同時考證胡序和濟跋所記年份，認爲序、跋皆有僞託之嫌。胡惟庸之序和開濟跋原文，今本《異域志》不見。由於《異域志》一書及其作者周致中的背景資料實在太少，筆者對此序跋採取了權宜之法：暫且忽略此序跋之時間，權且認同序跋中所記之部分內容。據此，則《異

---

〔註 20〕關於書目的條數，陸峻嶺先生一書記爲「一百五十七條」，誤。詳論見本節之「二、主要內容」。
〔註 21〕有人認爲該書諸地中涉及澳洲（大洋洲），存疑。
〔註 22〕永瑢《四庫全書總目》，乾隆武英殿刻本，卷七十八，史部三十四。

域志》一書在初期流傳情況大致如下：江陵周致中在元末撰成《蠃蟲錄》一書，至正末獻於時鎮江陵的胡惟庸帳前。明初，此書流入宮中，後又流落民間，爲開濟之兄所得。此時或已有散失錯亂，開濟之兄重新編定，並更名《異域志》。當然，開濟之兄得自宮中之書，可能不同於周致中向胡惟庸所獻之書，甚至版本也未必相同。

現存《異域志》版本比較簡單，古籍版本保存至今者，僅見周履靖所收《夷門廣牘》刻本。《夷門廣牘》收書 106 種，162 卷，由金陵荊山書林於明萬曆 25 年（1597）刊刻。國家圖書館藏有此本。

《夷門廣牘》萬曆刻本《異域志》後經涵芬樓影印，由長沙商務印書館民國 29 年（1940）出版，見商務印書館「影印元明善本叢書十種」。國家圖書館亦藏。

除上述古籍，上海文明書局於民國 4 年（1915）出版《說庫》叢書，其中有周致中撰《異域志》二卷石印本，爲抄本。臺北新興書局於 1981 年所出版的《筆記小說大觀》叢刊即據此本影印。〔註23〕河北教育出版社 1994 年出版周光培編《歷代筆記小說集成‧元代筆記小說》本《異域志》，從其版式、字體看，與《說庫》本同。北京中華書局 1985 年出版的《叢書集成初編》本《異域志》，據《夷門廣牘》本影印。

現代整理校注本，最有代表性的是陸峻嶺先生校注《異域志》，由北京中華書局於 1981 年初版，2000 年再版。初版與再版皆收入《中外交通史籍叢刊》。初版時，《異域志》與耶律楚材《西遊錄》（向達先生校注）合訂爲一冊。2000年再版時，《異域志》與《眞臘風土記校注》（周達觀著，夏鼐先生校注）、耶律楚材《西遊錄》合訂爲一冊。

陸峻嶺先生校注《異域志》，以夷門廣牘本爲底本，以《異域志》所採錄的書如《事林廣記》、《嶺外代答》、《山海經》、《酉陽雜俎》等，以及明王圻《三才圖會‧人物》加以對照。校注時廣徵博引，資料繁富，論證時精準嚴密，切中關鍵，體現出校注者的博學多識。尤其是書末附有「《異域志》、《異域圖志》、《三才圖會‧人物篇》三書篇目對照表」，不僅對比了三書中所涉及國家與民族的名稱，而且在備註一欄指出了《異域志》中約 90 餘條的出處。這都需要校注者具備專精學識，並付出辛勤勞動。

---

〔註23〕見第 20 編，第 6 冊，第 3475～3522 頁。

## 二、主要內容

《異域志》的主要內容，可以從兩個角度觀察：從國家和民族這一角度看，書中記了 210 個國家和民族，涉及東亞、西亞、東南亞、南亞、非洲東部和北部各地。甚至也包括當時已屬元政府管轄的廣西、雲南、貴州、西域部分地區的一些民族。有部分國家或民族無考。從每條所記內容這一角度看，《異域志》主要略述其地理、物產、人物、風俗等情況，尤其是記錄各地奇風異俗。每條篇幅較短，所記既有該國該地以前的歷史，也偶爾提及當時的情況。

因此，《異域志》一書，從全書內容上看有四個特點：一是所記國家和地區眾多；二是每一條（即記一國）內容簡短；三是所記內容有不少引自他書；四是所記重點在於風土人情之奇異者。

### 1、所記國家和地區眾多

該書分上下卷，著錄 210 個國家和民族，編為 175 條。卷上敘述扶桑國、長生國、朝鮮國、日本國等 86 國。卷下敘撒母耳干、私訶條國、眉路骨國、藏國、勿斯里國、南尼華羅國、乾駝國、頓遜國、白達國等 124 國。其中包括歐洲國家如「斯伽里野國」（今意大利西西里島），非洲國家如默伽臘國（今摩洛哥）、勿斯里國（今埃及）。〔註24〕

這 210 國包括兩類特殊的情況：第一，沒有體現在 175 條題目中的國家，有兩個。此兩國附在某國之題下，包括木思奚德（附於乞黑奚）、深烈大（附於阿里車盧）。第二，多國合用一條（題）者。其中包石、阿思、歪剌、巴赤吉四國合用一題（條），且正文有題無文；擺里荒國、大羅國合用一題（條）；鄆羅、蘇門答剌有目，但正文無題無文〔註25〕；從日國到黑間國共 28 國，合為一條，基本算是正文有題無文。因此，以正文為準，全書有 175 條。

陸峻嶺先生記為「編為一百五十七條」〔註26〕，實為誤筆。此誤在 1981 年中華書局版《異域志》中已經存在。康冰瑤在碩士論文《〈異域志〉研究》中，則同時出現 157 和 175 兩個數。論文說卷上「七十八條」〔註27〕，卷下

〔註24〕此三國與現今地區的對應關係，據中華書局本《異域志》陸峻嶺先生注釋。
〔註25〕「正文有題」指正文中有標題，「有目」也叫目錄有題，即指目錄中有標題。故正文有題必有目，有目未必正文有題。
〔註26〕《異域志》，中華書局 2000 年版，前言，第 1 頁。
〔註27〕康冰瑤《〈異域志〉研究》（陝西師範大學，碩士論文，2011 年），第 10 頁。

「九十七條」〔註28〕。並在第 86 頁有兩處提到「一百七十五條」。但是在他
處卻一仍陸序條數之誤：「書中著錄了二百一十個國家和民族，編爲一百五十
七條。」〔註29〕看得出，關於條數，論文作者是認眞數過的，只是文本個別
地方失於校核。又該論文關於《異域志》的國家與民族數，有幾處也不一致。
書中多處說《異域志》著錄國家與民族爲「二百一十個」、「二百多個」，但是
第 86 頁有兩處卻誤爲他數：一處說「《異域志》共著錄一百零六個國家和民
族」，另一處又說「《異域志》一書著錄了二百零六個國家和民族」。

　　2、每一條（即記一國）內容簡短

　　《異域志》與《眞臘風土記》、《島夷志略》相比較，具有文字簡短的特
點。就每條字數而言，比《眞臘風土記》、《島夷志略》少很多。《異域志》175
條，約 9100 字（不計標點符號的漢字數），篇幅較《眞臘風土記》略多，但
由於其條數是《眞臘風土記》的四倍多，所以平均每條字數約爲《眞臘風土
記》的 1／4。《島夷志略》100 條，約 15300 字。《異域志》平均每條篇幅是
《島夷志略》的 1／3。具體資料如下表所示。

表4－1　《異域志》與《眞臘風土記》、《島夷志略》單條篇幅比較

| 序 | 作　品 | 總字數（大約） | 條　數 | 平均每條字數（大約） |
|---|---|---|---|---|
| 1 | 《眞臘風土記》 | 8500 | 41 | 207 |
| 2 | 《島夷志略》 | 15300 | 100 | 153 |
| 3 | 《異域志》 | 9100 | 175 | 52 |

　　《異域志》平均每條約 52 字，在同類體例（純粹採用一條一條排列的）
的筆記中是很少的。因每條篇幅短小，因此要求文字言簡意賅。這導致《異
域志》在風格上與《島夷志略》有一些不同：一方面，《島夷志略》在敘述爲
主的總體風格之下，偶有評論，這類評論雖然不多，但點輟文間，偶現作者
情感，爲文章添色不少；而《異域志》幾乎專事敘述，沒有議論，看不出作
者的情感。另一方面，篇幅較短，同時也要求《異域志》在表達方面比《島
夷志略》更爲簡潔，更具有簡練之美。

　　〔註28〕康冰瑤《〈異域志〉研究》，第 46 頁。
　　〔註29〕康冰瑤《〈異域志〉研究》，第 7 頁。

3、所記內容有不少引自他書

據陸峻嶺先生研究，《異域志》有不少資料「盡採諸史、《山海經》、《酉陽雜俎》、《嶺外代答》和《事林廣記》等書」，其餘未見前人記載的內容，「很可能是作者根據親身見聞，或是採擷今已失傳之書寫成的」。〔註30〕中華書局2000 年版《異域志》書末附有陸峻嶺先生這方面的研究成果：在《異域志》一些條標題之後注明該條採自何書。康冰瑤的碩士論文《〈異域志〉研究》，其核心內容就是以陸先生的這一研究成果爲基礎，進一步考證和增補。

4、所記重點在於風土人情之奇異者

該書名爲「異域志」，這一「異」字可以說有兩層含義：一是國之「外」，這是地理概念上的「異」；另一是風土人情之「怪」，這是文化概念上的「異」。所謂「異域志」，即志國外風土人情之怪異者也。

如「馬耳打班」一條，內容如下：「其人與回回同，食鼠初生未開眼者爲上，進王則爲孝順。」此即錄其奇異者。書中各條，多以「奇異」爲旨歸選擇材料。

## 三、影響分析

《異域志》一書在清修《四庫全書》中是列入存目的。四庫館臣將之列入存目的主要原因，在於書中開濟之跋。此跋所署時間與開濟經歷矛盾，因此四庫館臣疑皆出於依託。另一原因在於《異域志》「語甚簡略，頗與金銑所刻《異域圖志》相似」。

明清時期，有不少書籍引用《嬴蟲錄》和《異域志》的內容。如引用《嬴蟲錄》者，有明郎瑛《七修類稿》、《異域周諮錄》等。引用《異域志》者更多，如明顧起元《說略》卷五、卷二十七、卷三十〔註31〕，明陳耀文《天中記》，明焦周《焦氏說楛》，清李世熊《錢神志》，清張英《淵鑒類函》等。

一般而言，明清作品引用《異域志》時，往往比較隨意，這表現在引文方式上，是摘錄式的引用，而不是原文照抄，引用者有時甚至還會加上自己的評語。如明顧起元《說略》卷五所引如下：「元周致中《異域志》：長人國人長三四丈，國朝有使往遼陽，舟被風至其國，其人來挈舟，斬其一指，大若人臂。紀載歷歷，豈必都妄。」〔註32〕即是如此。

〔註30〕《異域志》，中華書局 2000 年版，前言，第 1 頁。
〔註31〕顧起元《說略》，文淵閣《四庫全書》本。
〔註32〕顧起元《說略》，文淵閣《四庫全書》本，卷五。

　　《異域志》所據資料包括《山海經》等遠古傳說，所以有不少內容並不可靠。但是作者曾有過海外遊歷經歷，書中也記有一些當時之事，具有一定的史料價值。同時此書參考了一些以前的資料，雖然進行了修改，且文字簡略，但所據書籍中有一些內容已經佚失，因此《異域志》的相關記載便彌足珍貴。

# 第五章 《安南行記》、《元高麗紀事》、《皇元征緬錄》研究

　　與《真臘風土記》、《安南志略》一樣，《安南行記》、《元高麗紀事》、《皇元征緬錄》這三種筆記，都是單記一國之事。所不同的是，這三種筆記在內容上較《真臘風土記》、《安南志略》遠爲集中和狹窄：《安南行記》主要記載某次出使的經過和相關情況，事件主體歷時不過數月，加上相關情況，也不過爲一、兩年間之事，從而不僅表現爲事件的集中，也表現爲時間上的集中；《元高麗紀事》、《皇元征緬錄》記載時間雖然較長，所記事件跨度有數十年，但所記主要爲高麗、緬國與元朝的政府交往情況，因此表現爲事件性質的單一。

## 第一節　《安南行記》研究

　　世祖朝，元廷屢伐安南，雖勝多負少，但無法將之征服，不能取得理想的戰果。元廷所恃者兵眾，而安南所倚者地利。至元二十四年（1287）至二十五年，元兵在安南受挫，兵損糧盡，不得已決定撤兵；安南也深受元兵屢侵之苦，借機上表求和。忽必烈受軍政形勢所迫，於至元二十五年（1288）冬十一月，命李思衍、徐明善等出使安南。徐明善撰《安南行記》1卷，記載此次出使的緣起、經過和相關表奏、貢物。

## 一、傳藏與版本

《安南行記》大約撰於徐明善出使之時或出使後不久，即約至元二十六年（1289）。據筆者所見，《安南行記》現存者僅有《說郛》本。因《說郛》叢書有多個版本，所以《安南行記》一書也相應存在多個版本，不過，就筆者所概見，各版本之間內容差別不大。在《說郛》本中，該書有兩個書名，如宛委山堂《說郛》本題作《天南行記》，商務印書館印涵芬樓《說郛》本題作《安南行記》。

陶宗儀編成《說郛》不久病卒，抄本被松江文士數家收藏。七十年後，官居湖廣副使、六十五歲的郁文博罷官歸松江，在龔某家借《說郛》細閱，覺得「是書搜集萬事萬物，備載無遺，有益後人」，但又發覺抄錄馬虎，字多訛缺，於是每日端坐「萬卷樓」，逐一校勘，費時近十年，重新編成 100 卷。明末清初，雲南姚安人陶珽又對《說郛》加以增補，編成 120 卷。陶珽自署黃巖，是宗儀的遠孫。此即通常所稱的宛委山堂本。

《安南行記》在諸元史藝文志中未見著錄。明清時期書目著錄此書的也不多。據筆者所見，明陳第《世善堂藏書目錄》卷上載：「《安南行記》，徐明善。」〔註1〕

陳第（1541～1617）字季立，號一齋，福建連江人。明代旅行家、古音韻學家和藏書家。他文武雙全，既博覽群書，游學著述，又學習兵法，從軍為將。因為人正直，受人排擠而不得志。平生喜讀書抄書藏書，積三四十年，藏書遂至一萬多卷〔註2〕。《世善堂藏書目錄》成書於萬曆四十四年（1616）。該書目對《安南行記》的著錄比較簡單，僅有書名和作者。據此，則《安南行記》在世善堂當有收藏。

張秀民先生曾有「安南書目提要九種」，其中即包括元徐明善《安南行記》。張秀民（1908～2006），又名榮章，字滌瞻，浙江嵊州市崇仁鎮人。中國目錄學家、印刷史專家。1931 年進入國立北平圖書館工作，從事圖書館工作 40 年。

國家圖書館藏有《說郛》本《安南行記》（《天南行記》）多種。主要有五類：

---

〔註 1〕陳第《世善堂藏書目錄》，知不足齋叢書本。
〔註 2〕陳第在《世善堂藏書目錄》題詞中「積萬有餘卷」，現存《世善堂藏書目錄》著錄有三萬卷以上，一般認為係其後人增補。

### 1、明抄《說郛》本，名《安南行記》

明代藏書家鈕石溪世學樓藏抄本《說郛》，為世所重，國家圖書館有藏，為 70 冊。鈕石溪即鈕緯，字仲文，號石溪，祖上本是吳興人，客居會稽，因而占籍於此。他出生於一個書香世家，於嘉靖二十年中進士。嘉靖二十二年授祁門知縣。嘉靖二十四年，被選為禮科給事中，二十九年升江西僉事，尋以原官降直隸常熟縣丞，歷山東僉事，以憂歸。世學樓藏書，據明商睿《稗海大觀》之序稱「積至數百函，將萬卷」。〔註3〕

《安南行記》收於《說郛》卷五十一。

### 2、李際期刻宛委山堂《說郛》本，名《天南行記》

明末清初，陶珽又對《說郛》進行增補修改，重編成 120 卷。陶珽字紫闐，號不退，又號稚圭，自稱天台居士，明代姚安人。陶珽自署黃巖，是宗儀的遠孫。萬曆三十八年（1610）進士，官至武昌兵備道。曾居雞足山，讀書白井庵大覺寺，臨摹古帖於楞迦室，與邢侗齊名。又交袁宏道、董其昌、陳繼儒，時以詩文唱和。李際期（？～1655），字符獻，河南省孟津縣人。明末清初官員。明崇禎十三年（1640）庚辰科進士，後仕清，任戶部主事。歷升浙江提學道、浙江按察司僉事、浙江分巡金衢道等職。順治十一年（1654）升刑部右侍郎，改左侍郎，次年升工部尚書，轉兵部。同年卒於任內，諡僖平。清順治初，李際期在兩浙督學任上刻陶珽 120 卷《說郛》本。該版 9 行20 字，白口，左右雙邊，單魚尾。順治間刻本後來又出現了重修本。

《天南行記》收於《說郛》卷五十六。

### 3、《四庫全書》所收《說郛》本，名《天南行記》

《四庫全書・子部・說郛》也收錄此文，名為《天南行記》，見文淵閣《四庫全書》子部雜家類〔註4〕，文津閣《四庫全書》子部雜家類〔註5〕。與他本《安南行記》（《天南行記》）相比，《四庫全書》本《天南行記》中人名有所不同；且文末貢物名單之後，他本敘述徐明善拒絕安南的禮品及回國後職位變化之事，顯然為他人口吻，故四庫館臣刪掉此事。

《天南行記》收於《說郛》卷五十六。

---

〔註 3〕鈕緯生平及世學樓藏書，參考蔡彥《鈕緯和世學樓考》（載於《浙江高校圖書情報工作》2009 年第 5 期）。

〔註 4〕臺灣商務印書館《景印文淵閣四庫全書》第 879 冊，第 81～86 頁。

〔註 5〕北京商務印書館景印《文津閣四庫全書》第 291 冊，第 254～255 頁。

### 4、國立北平圖書館《說郛》民國間張宗祥抄本，名《安南行記》

張宗祥（1882～1965）名思曾，後慕文天祥爲人，改名宗祥，字閬聲，號冷僧，別署鐵如意館主。海寧硤石人。1914 年，張宗祥任北京教育部視學，開始接觸古籍；1919 年，教育部長傅增湘請張籌辦京師圖書館，併兼主任。時魯迅亦在教育部任職，對張宗祥說，館中藏有明代《說郛》120 卷抄本，要他抄錄出來供大家研究。

後來，張宗祥先生根據原北平圖書館藏約隆慶萬曆間抄本、傅氏雙鑒樓藏明抄本三種（弘農楊氏本、弘治十八年抄本、吳寬叢書堂抄本）、涵芬樓藏明抄殘存九十一卷本和瑞安玉海樓藏明抄本十八冊校理成一個《說郛》抄校本。

國家圖書館所藏《說郛》抄本（普通古籍閱覽室，索書號爲 8819），可能並不是張宗祥的抄校本，而當是張宗祥在抄校過程中早期的抄本。此《說郛》抄本，編號比較雜亂，且裝訂殊爲簡易。各冊封面有三種編號。如，鉛筆標「49」的那冊書，同時毛筆標有「卷五十一／說郛肆拾玖」；鉛筆標「50」的那冊書，同時毛筆標「卷十二／說郛叁拾」；鉛筆標「51」的那冊書，同時毛筆標有「卷五十三／說郛伍拾壹」；鉛筆標「52」的那冊書，同時毛筆標有「卷□〔註 6〕／說郛伍拾」；鉛筆標「53」的那冊書，同時毛筆標有「卷□〔註7〕／說郛伍拾貳」；鉛筆標「54」的那冊書，同時毛筆標有「卷五十五／說郛伍拾三」。

該書各冊雖亦是四眼線裝，然而並不同於普通的四眼線裝：全書自上至下四孔，第一孔與第二孔之間相距 18mm，用一根寬約 3mm、長約 80～90mm 的扁平白繩自封面鑽入，在封底簡單拴住，雖拴的是活節，不過似乎還很牢固。第三孔與第四孔也是如此裝訂。第二孔與第三孔之間距 94mm。不過上下兩處裝訂並不嚴格對稱，如第一孔距書上端爲 87mm，而第四孔距書下端爲 61mm。此抄本有框及欄線，框爲粗框，半頁框高 181mm，寬 136mm。每頁框邊有手寫體「京師圖書館鈔書紙」八字。半頁十行，行約二十四字。此《說郛》本中所收各書，筆跡筆法多異，當抄者不一。所抄似全用毛筆，字體基本爲楷體。有時某書之下有「宗祥按」之語，當是張宗祥組織人員所抄。「宗祥按」語之字跡，似同此《安南行記》字跡，故筆者猜測，《安南行記》爲張宗祥親手所抄。

---

〔註 6〕「卷」字後空兩三字之位。
〔註 7〕「卷」字後空兩三字之位。

　　《安南行記》收於《說郛》卷五十一。與《豫章古今記》、《侍講日記》、《洛陽搢紳舊聞記》合訂於一冊。各書之間不另起頁。

### 5、涵芬樓《說郛》本

　　商務印書館張元濟得到張宗祥抄《說郛》本的消息，向張宗祥要去抄校本。民國十六年（1927），上海商務印書館以「涵芬樓」爲名排印出版此《說郛》本。此即涵芬樓一百卷本，也即現今學者據以考證、研究的主要本子。此《說郛》本有商務印書館民國 16 年（1927）鉛印本和民國 19 年（1930）鉛印本，中國書店 1986 年影印本等。

　　《安南行記》收於《說郛》卷五十一。

　　以上各《說郛》本《安南行記》（《天南行記》），多數版本在內容上差別不大，僅個別詞語有別。不過，有個別版本，如國立北平圖書館《說郛》民國間張宗祥抄本《安南行記》，在內容和用詞上比較粗略。如題下作者籍貫，一般謂「德興人」，此抄本謂「德州人」。文中內容，「上天言於皇帝陛下」，此抄本誤作「天上言於皇帝陛下」，而涵芬樓本、文淵閣四庫本皆不誤。「六日世子延使者觀表檢」中的「六日」，此抄本作「十八日」，顯誤。他本不缺字者，此抄本有時缺字，如「開掘祖先墳墓」，此抄本脫「掘祖」二字；「上天奉命皇帝」，缺「天奉」二字；「迎詔書使者入王城」缺「使者」二字；等等。

　　其他有明代藏書家毛晉汲古閣亦藏抄本《說郛》，後歸皖人馬玉堂（笏齋）。同治間爲黃巖王詠霓（字子裳，號六潭）購得，民國間王舟瑤又購得並藏於黃巖九峰圖書館。建國初，項士元先生徵得此本，收藏於台州專區文物管理委員會（今臨海市博物館），現爲臨海市博物館的善本書之一。又有休寧汪季青所抄明抄本，二十五冊。張宗祥先生用汪氏抄本校涵芬樓本，有校記十餘萬字。1986 年上海古籍出版社將宛委山堂《說郛》、涵芬樓《說郛》、《說郛續》，以及張宗祥先生用休寧汪季青所抄明抄本校涵芬樓本的校記，合以出版，稱爲《說郛三種》。

　　網上可見 2006 年有人售《天南行記》一書，與《松漠紀聞（附補遺）》合爲一冊。爲明末清初刻本，有會稽楊氏小海泉閣藏書鈐印和楊博文印。有說明文字云：「《天南行記》爲徐氏在元代時南方地區做官時的雜記，傳本稀見。」〔註8〕

---

〔註 8〕此版本資料及圖片來自孔夫子舊書網，網址：
　　　　http://pmgs.kongfz.com/detail/3_10770/。

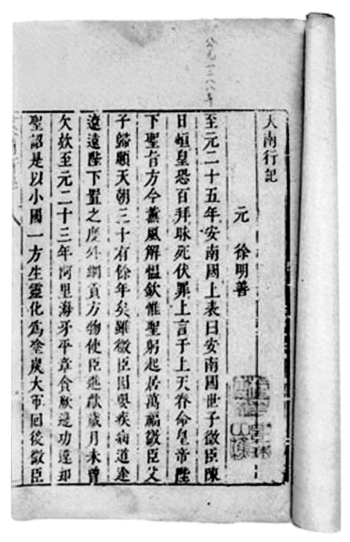

圖 5-1 會稽楊氏小海泉閣藏《天南行記》〔註9〕

## 二、內容與影響

《安南行記》記世祖至元二十五年（1288）十一月，徐明善隨遼東道按察司劉廷直、禮部侍郎李思衍出使安南一事。作品約3000多字，主要內容分為四部分：

1、安南國世子苦於元兵進犯，向元帝忽必烈稱臣示忠的表。

---

　　安南國世子陳日烜於至元二十五年四月向元帝上表，言及至元二十三年阿里海牙「貪厥邊功」而攻安南，回兵之後安南世子遣阮義全等出使元廷而不見返還之事，以及至元二十四年元廷復遣兵安南之後生靈塗炭之事。表中，世子向元廷表達了忠順之意，懇請元帝遣回大軍。

　　2、忽必烈給安南世子的詔諭。

　　元帝忽必烈在詔諭中，先解釋了出兵的原因，指責了對方事元不誠的表現，並表示因見其有悔意，乃遣劉廷直等出使。

　　3、徐明善等人出使安南的行程。

　　行程大致如下：

表5－1　《安南行記》日程

| 年　　份 | 日　　期 | 事　　件 |
|---|---|---|
| 至元二十五年 | 十一月十二日 | 李思衍呈都堂，以明善輔行 |
| | 十六日 | 詣都堂奉鈞旨 |
| | 二十六日 | 出順城門 |
| 至元二十六年 | 二月二十八日 | 至安南國門，世子弟迎使者往驛站 |
| | 二十九日 | 在驛站見世子 |
| | 三月一日 | 世子迎詔書、使者入王城 |
| | 二日 | 世子派人來言其弟之病 |
| | 六日〔註10〕 | 世子延使者觀表稿 |
| | 十日 | 世子延使者觀方物 |
| | 十三日 | 押方物使臣獻壺殤 |
| | 十五日 | 太師送使者至江 |
| | 七月八日 | 至京 |

　　4、安南世子在此次元人出使結束後給元帝所上的《國表》及《進方物狀》。《國表》主要解釋世子爲什麼沒有隨元使一同來朝的原因，並順帶解釋遺愛一事，接著重點說明自己發遣留在安南的元軍將士的情況。《進方物狀》中列有安南向元廷上貢之物的詳細清單。

---

〔註10〕「六日」，國立北平圖書館張宗祥抄本《說郛》本《安南行記》作「十八日」，顯誤。

　　《安南行記》撰後，因其篇幅不長，影響並不大，元、明、清書目很少著錄，與其文集《芳谷集》形成鮮明反差，這體現出文人普遍重詩文輕筆記的思想傾向。清王初桐《奩史》書中，有多處引用了《天南行記》，不過所引基本上是《天南行記》書末所記貢物。如卷四十一針線門、卷五十二技藝門、卷五十五音樂門、卷六十三衣裳門、卷七十八飲食門、卷八十四器用門、卷八十七綺羅門、卷八十五珠寶門等都是。〔註11〕另《貓乘》卷五，也引有《天南行記》。這表明，《安南行記》的內容，在明清時期，還是受到某些文人重視的。時至今日，《安南行記》因其記載詳細，內容真實可靠，某些記載可以補充相關史料的不足，糾正相關史料的訛誤，因此受到一些研究元史的學者的重視。

# 第二節　《元高麗紀事》研究

　　《元高麗紀事》一卷，紀元朝前期與高麗國交往之事，全書一萬六千餘字，紀事時間跨度為八十多年，是記錄元朝與高麗關係的重要歷史資料，為後來修《元史》者所重視。

## 一、傳藏與版本

　　《元高麗紀事》的內容，最初在《經世大典·政典》「征伐」類「高麗」一門。但因為《經世大典》今已不存，所以《元高麗紀事》在《經世大典》中的一些具體情況，不得而知。在《元文類》所收《經世大典序錄》中，征伐類「高麗」一門的內容，比現存《元高麗紀事》遠為簡略。可能《元文類》從《經世大典》抄錄這部分內容時，沒有全錄，而屬摘抄。現存《元高麗紀事》是從《永樂大典》所引用的《經世大典》之內容輯成的。

　　《永樂大典》初名《文獻大成》，彙集了古今圖書七八千種。清修《四庫全書》時，就從《永樂大典》中輯出不少佚書，以致於形成了數量可觀的「四庫輯本」。《永樂大典》由於歷經偷竊、火災、自然損壞、人為遺損等原因，到清修《四庫全書》時已有兩千多卷的殘缺。乾隆皇帝為了從《永樂大典》中輯出盡可能多的佚書以納入《四庫全書》，下令在全國尋找丟失的《永樂大典》，但收效甚微。《四庫全書》輯完《永樂大典》，有館臣便認為《永樂大典》

「精華已盡，糟粕可捐」〔註12〕，不再關注。道光後，《永樂大典》被棄存翰林院，基本無人過問。一些官員趁機偷盜。據清末繆荃孫記載，當時翰林院官員下午離開時，有的把《永樂大典》的書藏在身上帶出來。據說翰林院編修（後升翰林院侍讀學士）的文廷式就通過這樣的手法將《永樂大典》偷出100多冊。《永樂大典》流出宮後，有的收藏於國內民間或一些機構，有的被外國人收購。光緒元年（1875）重修翰林院衙門時，《永樂大典》只剩5000多冊。20年後，只存約800冊。1900年八國聯軍進佔北京，《永樂大典》受戰火之劫，相當一部分被焚，所剩者有些被遺棄，有些被人撿拾收藏。英國使館中有研究中國文學者從火中搶出一些；譯學館的劉可毅在洋人的馬槽下拾到數十冊；有個名為翟里斯的使館官員從翰林院的廢墟中撿到一些，其中就包括卷13345的內容。至此，《永樂大典》流散殆盡。此後，有學者及出版機構希望將流散尚存的《永樂大典》彙集出版，經過多次補充出版，目前國內正式出版的《永樂大典》已達797卷，基本上為《永樂大典》已知的現存之數。臺灣和日本也出版了影印的《永樂大典》。

據王國維言，《元高麗紀事》是「萍鄉文道希學士」從《永樂大典》卷四千四百四十六鈔出。這裏所謂的文道希，即上文所說的曾任翰林院官員的文廷式。文廷式（1856～1904），字道希，號雲閣，別號純常子、羅霄山人。江西萍鄉人，出生於廣東潮州，少長嶺南，為陳澧入室弟子。光緒初，在廣州將軍長善幕中。光緒十六年（1890），試為進士，授翰林院編修。二十年大考，光緒帝親拔為一等第一（也有說一甲第二，或謂光緒十六年即一甲第二），升翰林院侍讀學士。文廷式志在救世，遇事敢言，是帝黨重要人物，與汪鳴鑾、張謇等被稱為「翁（同龢）門六子」。中日甲午戰爭時屬主戰派，並上疏請罷慈禧生日慶典，又彈劾李鴻章喪心誤國。後被迫離京。他支持康有為的變法主張，並返京積極參與組織宣傳活動。他宣導並參與組織的「強學會」，影響很大。因此，文廷式遭李鴻章一黨排擠，又被驅出京。他在家鄉興辦實業，發展教育，以償其實業救國、教育救國情懷。戊戌政變後，他成為清廷訪拿對象，遂在友人幫助下出走日本。光緒二十六年（1900）文廷式聽到八國聯軍侵華的消息，毅然放棄日本學術界給他的優厚待遇，匆匆趕回上海，參加了維新派唐才常在英租界張園召開的中

---

〔註12〕永瑢《四庫全書總目》，清乾隆武英殿刻本，卷一百三十七，子部四十七，《永樂大典》。

國「國會」。此後熱心救國，奔波勞碌，可惜救國無路，最後抑鬱而終。他學問淵博，撰述宏富，所著有筆記《純常子枝語》40 卷、《雲起軒詞鈔》、《雲起軒詩鈔》、《補晉書藝文志》、《聞塵偶記》等。

現存《元高麗紀事》，即文廷式從《永樂大典》中抄出。這裏的「抄」可能有兩種情況：一是此內容為文廷式任職翰林院時偷偷帶出，並另抄單本以行；二是文廷式所攜自翰林院的《永樂大典》中沒有這部分內容，而是由文廷式在翰林院抄出《經世大典》中高麗之事。從記載看，以前一種可能性為大。

文廷式抄出《永樂大典》中元代高麗之事之後，還對內容有所補充。據王國維之跋語，文廷式用於補充的史料主要據自《元史》外夷傳。此書既經文廷式抄出和加工，那麼書名「元高麗紀事」很可能也是文廷式所加。至此，《元高麗紀事》一書有了單行本。

據王國維跋語，《元高麗紀事》後藏於「膠州柯鳳蓀京卿所」。柯鳳蓀即《新元史》編撰者柯劭忞（1850～1933），他字鳳蓀、鳳笙，號蓼園，山東省膠州市大同村人。由於明代所修《元史》之編纂工作比較草率，多有訛漏，後代學者盼予重修。柯劭忞以《元史》為底本，利用明清有關元史的研究，例如參考《元經世大典》殘本、《元典章》，又吸收了西方有關元史的研究成果，例如法國的《多桑蒙古史》、波斯人拉施特《蒙古全史》等書，又參考《四庫全書》未收錄之秘笈及元碑拓本等，以三十年之功，重修新史。《新元史》成書後，北洋政府把《新元史》列入正史。柯劭忞手上之《元高麗紀事》，未知何自，或直接得自文廷式，也未可知。可見《經世大典》中有關高麗的內容，成為明修《元史》、柯氏《新元史》共同重視的資料。

柯氏修《新元史》工作結束後，將《元高麗紀事》一書「寄上虞羅叔言參事」，羅叔言又寄給王國維，王國維見此卷已成孤本，付於上海倉聖明智大學刊行。羅叔言即羅振玉（1866～1940），字式如、叔蘊、叔言，號雪堂，浙江上虞人。柯氏之所以會將此書給予羅振玉，可能因為柯之子柯昌濟是羅振玉的學生，兩人或有學術來往。或者由柯昌濟私自送予老師羅振玉，也未可知。王國維（1877～1927），字伯隅、靜安，號觀堂、永觀，浙江海寧人。羅振玉對王國維在學術上、生活上都給予了幫助，對王國維影響較大。兩人在學術上交流較多。羅氏將《元高麗紀事》給予王國維，正是希望王國維將之刊行。王國維代姬覺彌為《學術叢編》所作的序言中就說：「海寧王靜安徵君

噬肯適我，出其著書；上虞羅叔言參事遠自異邦，假以秘笈。故書新著，萃於一書；月爲一編，歲成總帙。」〔註13〕

王國維跋於丁巳年，即1917年。其時《新元史》尚未最終完稿，但《元高麗紀事》自柯家流出，表明此前《新元史》中關於高麗的內容當已基本定稿。

目前，《元高麗紀事》刊行流傳者，僅有姬覺彌主持的倉聖明智大學廣倉學宭鉛印本。姬覺彌（1887～1964），本姓潘，江蘇徐州人。幼時好學。後前往上海謀生，得到猶太商人哈同夫婦的賞識，成爲愛儷園總管，並爲他改名姬覺彌。姬覺彌不僅精通商務，而且熱心於文化事業。他在愛儷園內創辦了倉聖明智大學，自任校長。該校課程注重《說文解字》和佛經，曾聘請王國維、章太炎等國學大師任教。徐悲鴻年輕貧困時亦曾得到姬覺彌的收留資助。不過，王國維眼中的姬覺彌品行不佳，刻薄多變，不懂學術。「隨處自顯勢力，一無學術及辦事用人方法，而主意絕多，復隨時變易。」「語及學術，隨口胡謅。」〔註14〕可見，姬覺彌還不算是一個文人，頂多算是一個喜歡涉足文化事業的商人。

姬覺彌主持的倉聖明智大學廣倉學宭鉛印《元高麗紀事》，共有兩次。一次收於《學術叢編》第十四冊，一次收於《廣倉學宭叢書》第二十六冊。此兩叢書，國家圖書館皆有藏。

筆者發現，《學術叢編》本和《廣倉學宭叢書》本《元高麗紀事》內容、版式完全一樣，屬同一個版本。同一版本的書，之所以被同一機構收入不同的叢書，是由這兩部叢書的整體出版特點決定的。

《學術叢編》將一些篇幅較長的書分割在不同的冊數中，採用的是類似於期刊連載的形式。如李遇孫撰《日知錄續補正》稿本、王驥德撰《曲律》，皆是如此。不過，《元高麗紀事》篇幅較短，沒有分割。而《廣倉學宭叢書》則與普通的叢書一樣，同一種書的內容是連續刊印的。兩者出版時間不同，

---

〔註13〕 國家圖書館藏《學術叢編》有兩篇序。第一篇序載：「丙辰孟夏，本學所刊學術叢編既成，爰書其端曰……」末署名曰：「太隆羅詩氏敘於愛儷園之覺斯堂」。另一序末署：「丙辰春二月睢寧姬佛陀覺彌氏敘」。此兩序爲王國維代作。《王國維全集》（浙江教育出版社、廣東教育出版社，2009年）第二十卷，趙萬里《王靜安先生年譜》，第441頁載：「《〈學術叢刊〉序》，代作，正月，見《廣倉學宭叢書》第一冊。」此《學術叢刊》即《學術叢編》。同書同卷，胡逢祥《王國維著譯年表》，第521頁載：「敘《學術叢編》，代姬覺彌。」第522頁，載：「《〈學術叢編〉序》，代太隆羅詩氏。」

〔註14〕 《王國維全集》（浙江教育出版社，廣東教育出版社，2009年），第十五卷，《致羅振玉》，第97頁。

所收書有相同者，但也不全相同。《學術叢編》先出，《廣倉學宭叢書》基本上是將《學術叢編》連載形式的同一書彙集在一起，重新出版。所以《廣倉學宭叢書》中會出現類似於《倉聖明智大學發刊學術叢編條例》這樣的內容。至於《學術叢編》中出現的「廣倉學宭刊行」這種版識，是因爲這兒的「廣倉學宭」，是指機構名稱，而不是指《廣倉學宭叢書》〔註15〕。有些研究者可能對此有所誤解，加上《學術叢編》所收書與《廣倉學宭叢書》所收書版本多同，從而認爲《學術叢編》即《廣倉學宭叢書》。實際上，兩者在收書對象、編排體例、各書順序上都有不同，是由同一機構（廣倉學宭）、同一批人（姬覺彌、王國維）主持出版的兩部不同的叢書。就筆者所見，《學術叢編》所收書與《廣倉學宭叢書》所收書差別如下：《學術叢編》中（唐）元廷堅撰《韻英》一卷、（唐）唐玄宗撰《開元文字音義》一卷、姬佛陀輯《音書》一卷、（唐）武元之撰《韻銓》一卷、（唐）顏師《字樣》一卷，共五種書，《廣倉學宭叢書》未收。而《廣倉學宭叢書》所收之羅振玉撰《石印倉頡篇殘簡考釋》一卷、江有誥撰《江氏音學敍錄》一卷，共兩種，《學術叢編》未收。

**圖 5－2 《學術叢編》版識頁**〔註16〕

---

〔註15〕當然，也不排除《學術叢編》重新裝訂後所加這種可能，但這種可能畢竟小得多。

〔註16〕圖片來源：孔夫子舊書網。
　　　　網址：http://shop.kongfz.com/show_pics.php 敘 shopId=1087&bookId=46398132。

就《元高麗紀事》而言，說「廣倉學窘本」或「廣倉學窘刊本」，既可能指《學術叢編》本，也可能指《廣倉學窘叢書》本。不過，兩本是同一版本，所以在這一點上可以不予細究。

「廣倉學窘」本《元高麗紀事》一卷，10 行，25 字，小字雙行同，白口，四周單邊，單魚尾。國家圖書館著錄《廣倉學窘叢書》本時，說印於「民國 5 年（1916）」，這是一種誤著。因為據其中所收《元高麗紀事》末尾王國維之跋，作跋時間為「丁巳」，即 1917 年。則《廣倉學窘叢書》刊印於 1917 年之後；而《學術叢編》叢書，據其序言及王國維致羅振玉的信件等資料，第一期完成於丙辰年（1916）〔註 17〕。第二期當完成於丁巳年（1917）。《元高麗紀事》有王國維的丁巳年之跋，因此，當在此年收入《學術叢編》第二期。

或許因為《元高麗紀事》篇幅不長的緣故，在「廣倉學窘」本之後，筆者未見該書有整理排印本。筆者在網上見到有售臺北廣文書局 1961 年版《元高麗紀事》，是與其他書一起合訂的，不過，其書筆者沒有親見，不知其是影印本還是排印本。

## 二、內容分析

《元高麗紀事》一書約一萬六千字，其中包括書首之概述 300 餘字，書末所附《耽羅》一條約 1000 字以及書後王國維跋語約 150 字。在《元文類》所收《經世大典序錄》中，征伐類「高麗」一門的內容，約 800 多字，比現存《元高麗紀事》遠為簡略。然而情節大致相同。《元高麗紀事》所記時間，始自元太祖皇帝（鐵木真）十一年（1216）契丹人入侵高麗，終於成宗皇帝（鐵穆耳）大德五年（1301）二月罷元在高麗所設征東行省。而《元文類》在至元十一年五月公主下降於愖之後，便基本省略不述。《元文類》「高麗」一門的內容，分為兩部分，第一部分全同《元高麗紀事》的文首概述，第二部分則是《元高麗紀事》正文要點的簡略。《元文類》「高麗」一門的內容，除兩三處外，皆來自於《元高麗紀事》。這兩三處為〔註 18〕：

---

〔註17〕《學術叢編》序言，見本節前文所注釋。1916 年 4 月 6 日，王國維致羅振玉信說：「《學術叢編》之稿，維於上月廿四日已將第一期稿編成交出，而至今付印與否尚不能知，此景叔處辦事之缺點也。」信見《王國維全集》（浙江教育出版社、廣東教育出版社，2009）第十五卷，第 26～27 頁。

〔註18〕三處內容皆見蘇天爵《國朝文類·政典》，《四部叢刊》景元至正本，卷四十一。

1、（中統）三年王杭。

2、（至元六年）九月蒙哥都征之。〔註19〕

3、（至元）十〔註20〕年正月討林衍。

以上三條皆《元文類》中的內容。第一條「王杭」二字，不知何意，亦不知所自。第二條，《元高麗紀事》「廣倉學宭」本沒有這一內容。第三條，「十年」當爲「七年」之誤，參照《元高麗紀事》原文，或者僅據《元文類》中上下文，即可看出。

由此，可以進一步看出，《元文類》中「高麗」一門，是抄自《經世大典》。概述全抄，而正文由於較長，《元文類》則僅摘其節錄。

高麗是距元廷距離較近的國家，是所有國家中首都離大都最近的一個。從大都到高麗國都，一般不到一個月使節就可以走一個來回。如中統二年十月朝廷遣使持旨諭以開権場事，二十九日使回。因此，高麗與元朝的關係，在當時全部國家中也是最密切的。《元高麗紀事》緊緊圍繞元廷與高麗朝的關係安排材料，所記兩國關係主要涉及以下方面：

1、高麗被他族入侵，元朝派兵助其平定。元在平定之後有時會較長時間駐軍。

2、高麗歲貢方物；兩國互遣使節。

3、圍繞高麗國王王暭親自入朝、是否將海島居民遷出、戶籍版籍是否提供等問題互不相讓，以致交惡興兵。結果往往是元廷勝利，並設置王京及諸州郡達魯花赤。但王暭無論怎樣示弱，堅決不在親自入朝、遷民等問題上讓步。

4、國王王典、王植、王愖時期，兩國關係較好。高麗國王入朝，世子入質，請求通姻，或請元廷派人幫忙管理政務。元廷在高麗內亂王位丟失時，幫助其平亂復位。元廷雖然也要求高麗遷民出島、入質、助軍、入貢，但有時也樂意減輕對方的壓力，如解決元兵元使帶給對方的干擾，同意保留對方的風俗習慣，同意遣返其地逃民等。不過，高麗王在遷民出島等問題上依然有所保留，並對元廷的入貢要求感到不勝煩苦。元廷有時表示理解，有時則加以斥責。

5、高麗國幫助元廷詔諭日本。

---

〔註19〕不知所自。《四部叢刊》本原文如此。

〔註20〕當爲七年。

　　書末附有「耽羅」一條，記事始自至元六年七月五日，終於至元三十一年五月二十九日，內容簡略。

　　今存《元高麗紀事》經過了清時文廷式的整理和補充。文氏補充的文字，在廣倉學宭本中爲小字，附於正文相應內容處。所補共有九條，皆據自《元史·外夷傳》，有的與《元高麗紀事》相合或相補，有的則與《元高麗紀事》相左。

　　《元高麗紀事》源自《經世大典》，其作者創作態度嚴肅。此書內容由其作者從當時可資利用的大量資料中斟酌選擇，精鍊修理而成。作者在根據材料選擇裁剪時，注重事件的完整性，對於材料的選擇周到合理，敘述時詳略得當，有條有理。例如回顧前事之文，則用「初」、「先是」和「至是」等標明首尾，使時間和事件脈絡清晰。《元高麗紀事》因其內容可靠，體例嚴謹，向爲後來學者所重視。如明修《元史》即以此爲藍本。復經學者文廷式補充和整理，當更爲精善，復爲柯氏修《新元史》所用。後經羅振玉、王國維等學者重視，刊行出版。

　　與《元高麗紀事》一起收於《廣倉學宭叢書》的，還有《大元馬政記》、《元代畫塑記》、《大元氈罽工物記》、《大元官制雜記》等，也由前人從《永樂大典》輯出。這些書內容涉及元代農業經濟、交通驛站、國外關係等方面，成爲當今研究元代社會的重要史料。

# 第三節　《皇元征緬錄》研究

　　《皇元征緬錄》一卷，作者佚名〔註21〕。該書又稱《元朝征緬錄》或《至元征緬錄》〔註22〕。所載爲至元至大德年間元軍數次征緬甸之事。此書內容本在《經世大典·政典》中「征伐」一類，《元史·列傳·緬》內容多與其相同。

## 一、傳藏與版本

　　從《元文類》所收《經世大典》的內容看，《皇元征緬錄》在《經世大典》中標題爲《緬》，並沒有「征緬錄」之名。後來有人從《經世大典》或《元文類》中將這部分內容抄出，並將標題《緬》改爲《皇元征緬錄》。從所改題目中的「皇」字看，這次抄錄可能發生在元代。不過，考慮到此書不僅諸《元

〔註21〕此書作者，筆者疑爲虞集，待考。
〔註22〕《至元征緬錄》之稱，當始於《守山閣叢書》本。這一名稱並不恰當，甚至可以說是誤稱。本論文後面將會述及。

史藝文志》沒有收錄，連明代書目似也不見著錄。所以，此書單獨成書的時間可能比較晚，發生在元代的可能性雖然存在，但是並不大。因此存在另一種可能：此書爲明人或清初人從《經世大典》或《元文類》中抄錄，並僞稱元人所撰專著，而冠以「皇」字。從上述著錄情況及編書者似未言此書來自《經世大典》來看，這種僞稱的可能性還更大一些。

就筆者所見，著載此書的主要是清人。丁立中（1866～1920）編《八千卷樓書目》載：「《皇元征緬錄》一卷，不著撰人名氏，守山閣本。」〔註23〕清劉錦藻《清續文獻通考》也敘及《守山閣叢書》，並附有作者簡介：「《守山閣叢書》一百十種，六百五十二卷，錢熙祚編。熙祚字錫之，別號雪枝，江蘇金山人。以捐辦海塘石工保舉通判。……《皇元征緬錄》一卷，元無名氏。」〔註24〕清阮元《研經室外集》卷三有《皇元征緬錄》之提要，沒有言明其書來歷，並且對成書時間和作者有所誤解。〔註25〕然而阮元對此書內容的肯定評價卻很中肯，認爲它「體例謹嚴」，並推測明時修《元史》當以此爲藍本。阮元不知道這是出自《元文類》的，所以認爲是稀見之書，而抄錄一本，送給當時的嘉慶皇帝。阮元所抄後來歸入《宛委別藏》。

《八千卷樓書目》是我國收書最多的私家書目，收書一萬七千餘部。每書著錄書名、卷數、不同版本、撰者及其朝代。此書目約成書於光緒二十六年（1900）。〔註26〕《八千卷樓書目》將各叢書的子目分散於各類中，起到了叢書子目分類目錄的作用，這在我國的叢書目錄編製方面有首創之功。《中國叢書綜錄》的第二冊繼承了這一傳統。《八千卷樓書目》編目體例有其特點，如：頂格者表示文瀾閣收錄，低一格者表示《四庫》存目，低二格者表示《四庫全書》未收。在《八千卷樓書目》中，《皇元征緬錄》屬於《四庫全書》未收書。

劉錦藻（1862～1934），原名安江，字澄如，吳興（今湖州）南潯鎮人。光緒二十年（1894）進士。光緒二十七年（1901）寫成《續皇朝文獻通考》（也稱《清續文獻通考》）400 卷進呈，賞內閣侍讀學士銜。後來上海商務印書館彙印《九通》時，將《續皇朝文獻通考》增入，成爲《十通》。

《八千卷樓書目》和《續皇朝文獻通考》著錄的《皇元征緬錄》都是《守

---

〔註23〕丁立中編《八千卷樓書目》，丁仁民國排印本，卷四史部。
〔註24〕劉錦藻《清續文獻通考》，民國景十通本，卷二百七十一，經籍考十五。
〔註25〕見後文相關內容。
〔註26〕路子強《讀〈八千卷樓書目〉影印附索引本》，《藏書報》2009 年第 29 期。

山閣叢書》本。在清時,《皇元征緬錄》除了《元文類》所收本之外,主要有三個版本:《宛委別藏》本、歸安嚴修能抄本、《守山閣叢書》本。

《守山閣叢書》,錢熙祚編。錢熙祚(約1801~1844),字錫之,一字雪枝,江蘇金山人。道光十三年(1833)完成宋章樵注《古文苑》21卷,刻板行世。同年得常熟張海鵬《墨海金壺》殘版58種。《墨海金壺》輯於嘉慶年間,原有117種,後版毀於火。熙祚得殘版後,計劃加以校勘增纂,約請其兄熙輔、弟熙泰、熙哲,從兄弟熙載、熙彥、熙經等,並延請同里顧觀光及在錢家坐館的南彙人張文虎協助,於道光十四年(1834)開始,三度赴杭州文瀾閣查閱《四庫全書》,分頭校勘,糾正錯訛、脫漏,並收集補充了大量新的內容,至道光二十四年(1844),完成了這部巨著,定名為《守山閣叢書》,分經、史、子、集四部,112種,656卷,主要為宋元明三朝名著。這部叢書刊出後,又把《墨海金壺》中未收入《守山閣叢書》的28種輯成《珠叢別錄》82卷。

錢氏《守山閣叢書》本《皇元征緬錄》是刻本,所用的底本是歸安嚴修能手繕本。嚴氏抄本中書名已有兩個:書簽題「皇元征緬錄」,卷端題「元朝征緬錄」。錢氏刻本中卷端也是「元朝征緬錄」,但是書名頁卻是「至元征緬錄」。實際上,從該書的內容分析可以看出,書名為「至元征緬錄」是不恰當的。此書共記元朝征緬之事五次,其中至元年間四次,大德四年一次〔註27〕。可見所記征緬事並非全發生於至元年間。並且所記征緬五次,以大德四年發兵的這次為最詳。至元年間的四次征緬,在至元十四年三月、至元十四年十月、至元二十年、至元二十四年。其中至元十四年三月這次,在四次之中篇幅最長,約370餘字。此前有約300字記元與緬的恩怨,雖與此次出兵不無關係,但因不甚緊密,故此處未計。就算計入,也不過600多字。至元十四年十月這次,約110餘字。至元二十年這次,連頭帶尾,相關內容都算上,也才約170餘字。至元二十四年那次,字數最少,連出兵緣起在內,不過80餘字。而大德四年發兵的這次,是全書的重點。書中不僅相對詳細地描述了征戰的過程,還用大量篇幅介紹了此次出兵的緣起、元廷準備的情況、征緬結束之後的人物活動和命運。其中征戰過程這部分,從四年閏八月發兵開始計算,到「分省官亦由蒙來路歸」為止,就有約570餘字。如果再加上上述相關內容,便共有2440餘字,占全書內容的六成以上。因此,書名稱為「至元征緬錄」,並不合適。筆者據此推測:守山閣本書名頁上的「至元征緬錄」一

〔註27〕有的征緬時間跨年度的,按發兵之年名之。下同。

名，並非錢氏有意之爲，而屬「皇元征緬錄」之誤字。

　　《宛委別藏》叢書是清代著名學者阮元巡撫浙江時（1799～1809〔註28〕）所輯，他留心搜訪《四庫全書》未收之書，先後求得 175 種，依《四庫全書總目》例，爲每書撰寫提要，隨書奏進。嘉慶帝遂據夏禹登宛委山得金簡玉字書之傳說，親筆賜名《宛委別藏》。20 世紀 30 年代商務印書館選了 40 種影印出版，名爲《選印宛委別藏》；至 80 年代臺灣商務印書館將原書重行整理，影印出版。但所收書僅得 161 種，其餘 12 種不知去向。江蘇古籍出版社也於 1988 年影印出版了《宛委別藏》叢書。

　　《宛委別藏》本《皇元征緬錄》大約抄於 1800～1809 年間，其成書早於《守山閣叢書》本。從阮元爲此書所撰提要看，他並不知道此書在《經世大典》和《元文類》中有存。甚至對書中的「臣作政典」一語存在誤解。對於他的誤解，清代莫友芝專門進行了考證，見其爲《皇元征緬錄》和《招捕總錄》所撰之跋語。莫氏跋語全文如下：

> 《皇元征緬錄》一卷，《招捕總錄》一卷。《四庫總目》不載，《研經室外集》有進書提要。金山錢錫之刻入《守山閣叢書》中，並謂足補《元史》所未備，惜不得撰人名氏。以今考之，蓋元官書中虞道園筆也。據蘇伯修《國朝文類》載《經世大典敍錄》三卷，此《征緬》一卷，即其《政典》二十類中「征伐」類十條之一，《招捕》一卷，即《政典》中「招捕」類之全。是二書並從《元文類》鈔出，並見第四十卷。其《大典總敍》云，執筆纂修，則命奎章閣大學士、中書平章政事臣趙世延，而貳以臣虞集與學士院藝文監官屬分局修撰，悉取有司掌故修飾潤色之。是趙虞總裁此官書。歐陽圭齋進此書《表》又謂其亦綜纂修，此二篇固不知定出誰手。而以「征緬」條有「臣作政典」之云，合《總敍》稱臣虞集而不繫官，皆似道園一人語。則此政典當以道園長於敍事，一手爲之，蓋無疑矣。道園以至順元年被命修《大典》，成書以三年三月。凡八百八十卷，目錄十二卷。見圭齋《表》。表云：體《會要》之遺意，發掌故之舊章，仿周禮之六官，作皇朝之大典。則其書當若今《會典》。其《政典》，則兵部所掌也。核蘇氏載「征伐」諸條，並足與《元史》相參益，不僅《征緬》、《招捕》。史

〔註28〕阮元曾兩次任浙江巡撫。第一次在 1799 年 10 月至 1805 年 6 月。第二任在 1807 年 12 月至 1809 年 6 月。

志草率，而《大典》不存，為可惜也。阮氏不知《政典》是《大典》
中子目，直謂是《元典章》，亦誤。同治甲子四月。〔註29〕

莫友芝（1811～1871），字子偲，號郘亭，貴州獨山人。晚清金石學家、目錄版
本學家、書法家，宋詩派重要成員。家世傳業，通文字訓詁之學，與遵義鄭珍並
稱「西南巨儒」。莫友芝不僅指出了阮元的理解之誤，並大膽推測《經世大典・
政典》出自虞集，而且還在肯定阮元對於《皇元征緬錄》「體例謹嚴」、「足補正
史所未備」等評語的基礎上，進一步指出「『征伐』諸條，並足與《元史》相參
益，不僅《征緬》、《招捕》」，從而更印證了《經世大典》的編撰品質和修撰態度。

目前，《皇元征緬錄》的古籍版本主要有四種，諸版本之間差別很小，僅
個別地方用字不同。四種版本如下：

1、《元文類》所收本。《元文類》本身有多個版本，如元至正二年杭州路
　　西湖書院刊大字本（《四部叢刊》即據此影印）、《四庫全書》本等。

2、《宛委別藏》阮元抄本。有臺灣商務印書館 1981 年影印本，江蘇古籍
　　出版社 1988 年影印本。

3、歸安嚴修能抄本。清嘉慶八年（1803）歸安嚴元照芳椒堂抄。有中國
　　書店 1986 年影印本。

4、《守山閣叢書》刻本。清道光 24 年（1844）刻，11 行，23 字，小字雙行
　　同，黑口，左右雙邊。有上海鴻文書局光緒 15 年（1889）石印本，文瑞
　　樓主人光緒 29 年（1903）輯《皇朝藩屬輿地叢書》石印本，又有上海博
　　古齋民國 11 年（1922）影印本，《歷代筆記小說集成》影印本〔註30〕。

近現代整理本有《叢書集成初編》本。中華書局 1985 年據《守山閣叢書》
本排印。與《西使記》、《庚申外史》、《招捕總錄》合訂為一冊。

此外，也有臺聯國風出版社 1903 年版《元朝征緬錄》、臺北藝文印書館
1970 年版《元朝征緬錄》。《劍橋中國遼西夏金元史》「向和平過渡」一節，提
及《元朝征緬錄》被翻譯成了法文。〔註31〕

《皇元征緬錄》現未見完整的校注本。林超民先生有《〈元朝征緬錄〉箋
證》一文，收於《林超民文集》第 2 冊〔註32〕。所作箋證，到「遣使持輿地

〔註29〕莫友芝《郘亭遺文》，清末刻本，卷三，《跋〈皇元征緬錄〉、〈招捕總錄〉》。
〔註30〕周光培編，河北教育出版社 1994 年《歷代筆記小說集成・元代筆記小說》，
　　　　第四冊。
〔註31〕《劍橋中國遼西夏金元史》，中國社會科學出版社，1998 年，第 509 頁。
〔註32〕雲南人民出版社，2008 年 12 月版。

圖奏上」而止，並不完全。

## 二、內容分析

　　《皇元征緬錄》正文（包括前面的概述）約 3800 多字，所述爲至元八年（1271）到大德五年（1301）元朝與緬的關係。這三十年中，兩國之間雖也有過友好往來，但也存在多次戰爭。元朝於至元十四年三月、至元十四年十月、至元二十年、至元二十四年、大德四年先後五次出兵征緬。本書主要記錄此五次征緬之事，尤以大德四年出兵這次爲詳，全書約六成以上的篇幅與此次征緬有關。

　　該書正文，除概述部分與後面的內容之間有空格之外，諸版本皆不分段落，即字之字之間除自然分行外皆不間隔〔註 33〕。且記事時雖大致按編年體形式，但也有幾個地方夾帶有回憶之文，所以粗看起來條理並不清晰。爲此，筆者整理了文中的主要內容，按照時間順序加以排列，如下表。

表 5－2　《皇元征緬錄》大事紀

| 至元八年 | | 大理鄩闡等路宣慰司遣乞臺脫因等使緬，不見其王，然其有使者來朝。 |
|---|---|---|
| 至元十年 | | 以乞臺脫因、勘馬剌失里、劉源、小雲失使緬，然沒有回音。 |
| 至元十二年 | 四月 | 賀天爵言阿郭知入緬三道；雲南省因言征討，聖旨命緩之。 |
| | 十一月 | 雲南省始報，探得國使已達緬，俱安。 |
| 至元十四年 | 三月 | 緬人攻阿禾〔註 34〕，忽都、信苴日、脫羅脫孩奉命伐之，完勝。 |
| | 十月 | 雲南省遣納速剌丁征緬。至江頭，招降三百餘砦土官。 |
| 至元二十年 | 九月一日 | 相吾荅兒、太卜、也罕的斤征緬大軍發自中慶。 |
| | 十月二十七日 | 至南甸。 |
| | 十一月十九日 | 破江頭城。 |
| 二十二年 | 十一月 | 緬王遣阿必立相至大公城，欲來納款，道阻未行。後元廷派怗烈使其國。 |

〔註 33〕跋語中、提要語中、正文中「皇」字前的空格皆不計在內。
〔註 34〕林超民認爲此阿禾即前文所提及的「阿郭」。見林超民《〈元朝征緬錄〉箋證》（載於《林超民文集》第二卷，雲南人民出版社，2008 年）。

| | | |
|---|---|---|
| 二十四年 | 正月 | 緬王為其庶子不速速古里所囚。雲南省請今秋進討，奉旨不聽。既而雲南王與諸王進征，至蒲甘，喪師七千餘，始平定，歲貢方物。 |
| 大德元年 | | 緬王遣其子僧加八的來朝。 |
| | | 朝廷遣教化迪伴送世子僧加八的還國。 |
| 大德二年 | | 登籠國遣使二人從雲南省派去的使者管竹思加赴元廷。 |
| | 二月 | 阿散哥也之弟叛。後暫息兵。 |
| | 二月 | 管竹思加和登籠國使至蒲甘，緬王帖滅的縛登籠國使，劫掠貢物。 |
| | 五月 | 阿散哥也兄弟攻蒲甘，執王及世子、次子，囚於木連城，凡十一月。 |
| | 六月 | 管竹思加至大公城，緬人來言舊緬王帖滅的已去位，鄒聶為王。管竹思加至蒲甘，鄒聶與之談。 |
| 大德三年 | 四月十日 | 阿散哥也弒舊緬王，放世子於蒲甘。 |
| | 八月 | 太公城總管細豆移文江頭站，言阿散哥也殺緬王事。 |
| | 八月 | 緬王之子古馬剌及其師來奔雲南省。 |
| | | 已而又聞新主亦被弒；阿散哥也自立為主。 |
| | 九月 | 中書聞於上。 |
| | 十二月 | 阿散哥也攻破阿真國、馬來城。舊緬王壻馬來城土官納速剌逃出。 |
| 大德四年 | 正月 | 上召忙兀都魯迷失議兵事。 |
| | 五月 | 納速剌上言。 |
| | 五月十五日 | 中書樞密奏征緬事。 |
| | 閏八月 | 薛超兀兒、忙兀都魯迷失等發軍中慶。 |
| | 十月 | 入緬。 |
| | 十二月五日 | 至馬來城。 |
| | 十二月十五日 | 至木連城。 |
| 大德五年 | 正月 | 分軍破其石山寨。 |
| | 二月二日 | 阿散哥也乞降，議降未成。 |
| | 二十七日 | 章吉察兒等言欲回軍。次日起營回。 |
| | 二十九日 | 分省官回。 |
| | 三月五日 | 忙兀都魯迷失移文至阿占國城追及章吉察兒等，要求留一半軍或三千住夏守賊。 |
| | 八月八日 | 丞相完澤等奏，經調查，全軍受賂於緬。<br>後相關人物受懲。〔註35〕 |

〔註35〕據《元史・緬傳》，察罕不花等伏誅於大德五年九月。

談到書中的內容，阮元、錢熙祚、莫友芝等人都分別給予了肯定。阮元認爲此書體例嚴謹，不僅是《元史》的藍本，而且依然可補《元史》之闕。莫氏評語如前所引。錢氏《守山閣叢書》本有此書的跋語，部分內容如下：

> 此與《招捕總錄》二種，皆歸安嚴修能（元照）〔註36〕手繕本。……
> 以《元史》校之，相吾答兒之破江頭城，《世祖紀》、《也罕的斤傳》
> 並云至元二十一年正月，而此在年前十一月，以《緬傳》及胡粹中
> 《續編》證之，當以此爲準，彼文則據其奏捷之日也。阿散哥也之
> 廢立，闍闍等之興師，《緬傳》並在大德四年，據此錄則以三年廢立
> （卷首作二年，誤）〔註37〕，有納速剌上言可證。〔註38〕

錢氏通過此書與《元史》中內容進行對比，肯定了此書在記事方面的準確可靠。不過，錢氏說「卷首作二年，誤」，此評語失當。卷首的概述說「大德二年，其臣阿散哥也復擅廢立」，在時間上並沒有錯。因爲根據正文，阿散哥也於大德二年五月廢舊王帖滅的並囚禁之，立新王鄒聶。大德三年四月殺舊緬王，並廢新王而自立。因此，說阿散哥也擅自廢立發生在大德二年，比說發生在三年更恰當。錢氏跋語中說「卷首說二年，誤」，並說「因爲有納速剌上言可證」。錢氏此論，立論和根據都欠妥，似是未經細檢原文所致。

《元史‧緬傳》在大德元年二月及此之前記事，與《皇元征緬錄》基本相同，連文字表達也多相同之處。在大德二年之後，《元史‧緬傳》記載與《皇元征緬錄》便多有不同。

虞集《道園遺稿》卷一載《萬戶張公廟堂詩》一詩，有詩序，談及大德五年劉深、張宏綱征緬之事。蘇天爵《元文類》也有此詩和詩序〔註39〕。詩序主要內容如下：「大德辛丑〔註40〕，昭勇大將軍河南征行萬戶鎮通州張公以其兵從征緬，死之，通人作廟以祀公。三十年間，朝之公卿大夫士能爲文章者，莫不爲之有所製作。泰定丁卯，公子御史亦俾予賦之。集以爲征緬事始末，在朝諸君子則知之久矣。通州僻在江海之際，其人何自知之？況久遠乎。且不著夫狂夫首禍之故，成宗皇帝聖明，卒致其罪。則公所以不肯墮其構陷，

---

〔註36〕錢氏跋語無括弧，而括弧中的字爲小字。
〔註37〕錢氏跋語無括弧，而括弧中的字爲雙行小字。
〔註38〕《元朝征緬錄》，清道光24年（1844年）刻《守山閣叢書》本，書末跋語。
〔註39〕蘇天爵《國朝文類》，《四部叢刊》景元至正本，卷二。
〔註40〕大德五年，1301年。

必甲冑以死之意，亦終不白於通人之將來也。故稍原其始而道之，庶其有考也。」〔註41〕

　　此處張公指張宏綱，字憲臣，燕之東安人，矯勇有智謀，曾為營救父母而劫獄。自少從軍，先後從忽必烈、伯顏攻宋，並征交趾，平廣西，累官至昭勇大將軍。以兵鎮江陰，又移戍淮東之通州，在民間口碑甚佳。大德五年，其仇家劉深言西南夷曰緬國者可以兵取，朝廷授劉深行省右丞，使張宏綱隨之征緬。張宏綱明知此行兇危，仍慷慨赴行。他說，與其受劉深刁難和折磨而死，不如死於敵手，因此奮不顧身，與敵交戰。結果，他因受劉深陷害，作戰時糧食與援兵不繼，悲壯捐軀。虞集詩、序即紀此事。此詩、序作於泰定丁卯（泰定四年，1327年），其時距張宏綱征緬已二十六年，而《經世大典》尚未開始修撰。從詩序看，這二十多年間，公卿士大夫對征緬一事不少人比較熟悉，並有一些人為曾參與大德征緬的張宏綱撰文紀念。虞集也受張宏綱之子所託，為之賦詩。可見，虞集在修撰《經世大典》之前，已經通過創作的方式接觸了征緬之事。看來，大德五年三月闊闊之軍征緬不果，之後，朝廷又派人征緬。然而此次依然兵敗而還。不過，據《元史·列傳·緬》記載，阿散哥也政權很快向朝廷示好，派人進貢，兩國關係得到暫時修復。

---

〔註41〕虞集《道園遺稿》，元至正間金伯祥刻本，卷一。

# 參考文獻 〔註1〕

一、筆記類著作（古代筆記類作品及近現代校注之作）

1. 周達觀，《真臘風土記》〔M〕，明嘉靖 23 年刻《古今說海》本。

2. 周達觀，《真臘風土記》〔M〕，《古今逸史》本。

3. 周達觀，《真臘風土記》〔M〕，清吳翌鳳抄本。

4. 周達觀，《真臘風土記》〔M〕，涵芬樓《說郛》本（百卷本）。

5. 周達觀，《真臘風土記》〔M〕，宛委山堂刻《說郛》本（一百二十卷本）。

*6. 周達觀，《真臘風土記》〔M〕，《說郛》六十九卷本〔註2〕。

7. 周達觀，《真臘風土記》〔M〕，1963 年溫州文物管理委員會補刊藏版，杭州古籍書店重印本。

8. 周達觀，《真臘風土記》〔M〕，文淵閣《四庫全書》本。

9. 周達觀，《真臘風土記》〔M〕，文淵閣《四庫全書》所收《古今說海》本。

10. 周達觀，《真臘風土記》〔M〕，文津閣《四庫全書》本。

11. 周達觀，《真臘風土記》〔M〕，文津閣《四庫全書》所收《古今說海》本。

12. 周達觀，《真臘風土記》〔M〕，明刻《歷代小史》本。

13. 周達觀，《真臘風土記》〔M〕，明刻《百川學海》本。

---

〔註1〕 在「參考文獻」中，前面標*者表示本論文作者沒有直接見過此文獻，僅從其他途徑（引用或評價此文獻者處）對其有間接瞭解。考慮到此文獻與本論文論及的某個問題有比較重要的聯繫，所以列在此處，以供此類研究進一步之參考。

〔註2〕 趙和曼《中外學術界對〈真臘風土記〉的研究》一文（載於《世界歷史》1984年第 4 期），提及此本。

14. 周達觀，《眞臘風土記》〔M〕，（北京）中華書局 1985 年影印《古今圖書集成》本。

15. 周達觀原著，夏鼐校注，《眞臘風土記校注》〔M〕，北京：中華書局，2000年。

*16. 周達觀原著，伯希和箋注，馮承鈞譯，《眞臘風土記箋注》〔M〕，中華書局，1957 年。

*17. 周達觀原著，金榮華校注，《眞臘風土記校注》〔M〕，臺北：中華書局，1976 年。

18. 黎崱，《安南志略》〔M〕，十九卷，岸吟香 1884 年刊上海樂善堂本。

19. 黎崱，《安南志略》〔M〕，二十卷，文淵閣《四庫全書》本。

20. 黎崱，《安南志略》〔M〕，二十卷，文津閣《四庫全書》本。

21. 黎崱，《安南志略》〔M〕，二十卷，清抄本（國家圖書館藏）。

*22. 黎崱，《安南志略》〔M〕，十九卷，1979 年上海古籍書店刊行複印本。

23. 黎崱著，武尚清點校，《安南志略》〔M〕，北京：中華書局，2000 年。

24. 徐明善，《安南行記》〔M〕，中國書店影印涵芬樓《說郛》本。

25. 徐明善，《天南行記》〔M〕，宛委山堂刻《說郛》本。

26. 徐明善，《天南行記》〔M〕，文淵閣《四庫全書》所收《說郛》本。

27. 徐明善，《天南行記》〔M〕，文津閣《四庫全書》所收《說郛》本。

28. 徐明善，《天南行記》〔M〕，國立北平圖書館所出張宗祥抄本。

29. 徐明善，《安南行記》〔M〕，明鈕氏世學樓藏明抄《說郛》本。

*30. 徐明善，《天南行記》〔M〕，會稽楊氏小海泉閣藏明末清初刻本。

31. 《元高麗紀事》〔M〕，民國初期上海倉聖明智大學鉛印本。

32. 《皇元征緬錄》〔M〕，《宛委別藏》本。揚州：江蘇古籍出版社，1988 年。

33. 《經世大典·政典·緬》〔M〕，《四部叢刊》景元至正本《國朝文類》（蘇天爵）所載。

34. 《元朝征緬錄》〔M〕，中國書店影印歸安嚴修能抄本。

35. 《元朝征緬錄》〔M〕，《守山閣叢書》本。

36. 《元朝征緬錄》〔M〕，《皇朝藩屬輿地叢書》本。

37. 《元朝征緬錄》〔M〕，（北京）中華書局 1985 年《叢書集成初編》據《守山閣叢書》排印本。

38. 汪大淵，《島夷志略》〔M〕，文淵閣《四庫全書》本。

39. 汪大淵，《島夷志略》〔M〕，文津閣《四庫全書》本。

40. 汪大淵，《島夷志略》〔M〕，光緒十八年龍鳳鑣《知服齋叢書》本。

41. 汪大淵,《島夷志略》〔M〕,綠格清抄本（據知服齋叢書抄,國家圖書館藏）。

42. 汪大淵,《島夷志略》〔M〕,彭元瑞知聖道齋叢書本。

43. 汪大淵,《島夷志略》〔M〕,清抄本。（愛如生網）。

*44. 汪大淵,《島夷志略》〔M〕,丁氏竹書堂曾藏抄本。（現藏南京圖書館）

45. 汪大淵原著,沈曾植廣證,《島夷志略廣證》〔M〕,古學彙刊本。

46. 汪大淵原著,藤田豐八校注,《島夷志略校注》〔M〕,上海:上海書店出版社,1994年影印《叢書集成續編》本。

47. 汪大淵原著,蘇繼廎校釋,《島夷志略校釋》〔M〕,中外交通史籍叢刊本,北京:中華書局,1981年。

48. 周致中,《異域志》〔M〕,明萬曆夷門廣牘刻本。

49. 周致中,《異域志》〔M〕,臺北新興書局1981年《筆記小說大觀》本。

50. 周致中,《異域志》〔M〕,河北教育出版社1994年《歷代筆記小說集成》本。

51. 周致中原著,陸峻嶺校注,《異域志》〔M〕,北京:中華書局,2000年。

52. 李志常,《長春眞人西遊記》〔M〕,明正統道藏本。

53. 李志常,《長春眞人西遊記》〔M〕,(北京)中華書局1985年影印《叢書集成初編》本。

54. 耶律楚材著,向達校注,《西遊錄》〔M〕,北京:中華書局,2000年。

*55. 耶律楚材著,李文田注,《西遊錄注》〔M〕,北京:中華書局,1985年。

56. 劉郁,《西使記》〔M〕,清鈔本。

57. 劉郁,《西使記》〔M〕,(北京)中華書局1985年版《叢書集成初編》本。

58. 郭松年,《大理行記》〔M〕,乾隆奇晉齋刻本。

59. 郭松年、李京著,王叔武校注,《大理行記校注・雲南志略輯校》〔M〕,昆明:雲南民族出版社,1986。

60. 陳準,《北風揚沙錄》〔M〕,涵芬樓《說郛》本。

61. 何秋濤,《校正聖武親征錄》〔M〕,清光緒小溫巢刻本。

62. 虞集,《平猺記》〔M〕,文淵閣《四庫全書》本。

63. 劉佶,《北巡私記》〔M〕,民國三年雲窗叢刻景咸豐九年鈔本。

64. 陶宗儀,《南村輟耕錄》〔M〕,明刻本。

65. 陶宗儀,《南村輟耕錄》〔M〕,北京:中華書局,1959年。

66. 劉壎,《隱居通議》〔M〕,清海山仙館叢書本。

67. 王惲,《玉堂嘉話》〔M〕,清鈔本。

68. 楊瑀，《山居新話》〔M〕，知不足齋叢書本。

69. 孔齊，《靜齋至正直記》〔M〕，清毛氏鈔本。

70. 李治，《敬齋古今黈》〔M〕，清藕香零拾叢書本。

71. 陳世隆，《北軒筆記》〔M〕，知不足齋叢書本。

72. 姚之駰，《元明事類鈔》〔M〕，文淵閣《四庫全書》本。

73. 李正民，《續夷堅志評注》〔M〕，太原：山西古籍出版社，1999 年。

74. 林坤，《誠齋雜記》〔M〕，毛氏汲古閣刻本。

75. 伊世珍，《琅嬛記》〔M〕，萬曆刻本。

76. 夏庭芝著，孫崇濤、徐宏圖箋注，《青樓集箋注》〔M〕，北京：中國戲劇出版社，1990 年。

77. 辛文房，《唐才子傳》〔M〕，清指海本。

78. 郎瑛，《七修類稿》〔M〕，明刻本。

79. 王圻，《稗史彙編》〔M〕，北京：北京出版社，1993 年。

80. 大汕著，余思黎點校，《海外紀事》〔M〕，北京：中華書局，2000 年。

81. 陳大震等，《大德南海記》〔M〕，元大德刻本（存五卷：六至十）。

82. 越汝適原著，楊博文校釋，《諸蕃志校釋》〔M〕，北京：中華書局，2000 年。

83. 艾儒略原著，謝方校釋，《職方外紀》〔M〕，北京：中華書局，2000 年。

84. 李文鳳，《越嶠書》〔M〕，明藍格鈔本。

85. 馬歡，《瀛涯勝覽》〔M〕，明亦政堂刻本。

86. 費信，《星槎勝覽》〔M〕，嘉靖《古今說海》本。

87. 周去非，《嶺外代答》〔M〕，知不足齋叢書本。

88. 焦竑，《國朝獻徵錄》〔M〕，萬曆四十四年徐象橒曼山館刻本。

89. 王初桐，《奩史》〔M〕，清嘉慶刻本。

90. 陶宗儀編，《說郛》〔M〕，涵芬樓本。

91. 陶宗儀編，《說郛三種》〔M〕，上海：上海古籍出版社，1988 年。

92. 鍾嗣成，《錄鬼簿》〔M〕，民國誦芬室讀曲叢刊本。

## 二、筆記研究著作與近現代選集、總集

1. 陳正祥，《真臘風土記研究》〔M〕，香港中文大學，1975 年。

2. 何修仁，《周達觀〈真臘風土記〉研究》〔M〕，臺北：花木蘭文化出版社，2010 年。

3. 劉葉秋，《古典小說筆記論叢》〔M〕，天津：南開大學出版社，1985 年。

4. 劉葉秋，《歷代筆記概述》〔M〕，北京：北京出版社，2003 年。

5. 鄭憲春，《中國筆記文史》〔M〕，長沙：湖南大學出版社，2004 年。

6. 吳禮權，《中國筆記小説史》〔M〕，北京：商務印書館國際有限公司，1997 年。

7. 苗壯，《筆記小説史》〔M〕，杭州：浙江古籍出版社，1998 年。

8. 陳文新，《中國筆記小説史》〔M〕，臺北：志一出版社，1995 年。

9. 梅新林、俞樟華主編，《中國遊記文學史》〔M〕，上海：學林出版社，2004 年。

10. 嚴傑，《唐五代筆記考論》〔M〕，北京：中華書局，2009 年。

11. 昌彼得，《〈説郛〉考》〔M〕，臺北：文史哲出版社，1979 年。

12. 賈敬顏，《五代宋金元人邊疆行記十三種疏證稿》〔M〕，北京：中華書局，2004 年。

13. 周光培編，《歷代筆記小説集成——元代筆記小説》〔M〕，石家莊：河北教育出版社，1994 年。

14. 傅璇琮，《中國古典散文精選注譯・筆記卷》〔M〕，北京：清華大學出版社，2009 年。

## 三、相關書目、提要類著作

1. 倪燦、盧文弨，《補遼金元藝文志》〔M〕，（北京）中華書局 1985 年《叢書集成初編》據史學叢書排印本。

2. 錢大昕，《元史藝文志》〔M〕，潛研堂叢書本。

3. 黃虞稷、倪燦、錢大昕等，《遼金元藝文志》〔M〕，北京：商務印書館，1958 年。〔註3〕

4. 雒竹筠遺稿，李新乾編補，《元史藝文志輯本》〔M〕，北京：北京燕山出版社，1999 年。

5. 馬端臨，《文獻通考》〔M〕，清浙江書局本。

6. 王圻，《續文獻通考》〔M〕，萬曆三十年松江府刻本。

7. 劉錦藻，《清續文獻通考》〔M〕，民國景十通本。

8. 楊士奇，《文淵閣書目》〔M〕，文淵閣《四庫全書》本。

9. 錢溥，《秘閣書目》〔M〕，《四庫全書存目叢書》本，齊魯書社 1996 年，據中國科學院藏清鈔本影印，第 277 冊，第 24 頁。

---

〔註 3〕該書元代書目包括以下著作中的元代部分：黃虞稷《千頃堂書目（補元代部分）》，吳騫《四朝經籍志補》，倪燦、盧文弨《補遼金元藝文志》，金門詔《補三史藝文志》，《欽定續文獻通考經籍考》，錢大昕《補元史藝文志》，張錦雲《元史藝文志補》。

10. 晁瑮,《寶文堂書目》〔M〕,明鈔本。

11. 章潢,《圖書編》〔M〕,文淵閣《四庫全書》本。

12. 陳第,《世善堂藏書目錄》〔M〕,知不足齋叢書本。

13. 祁承爜,《淡生堂藏書目》〔M〕,清宋氏漫堂鈔本。

14. 錢謙益,《絳雲樓書目》〔M〕,清嘉慶鈔本。

15. 黃虞稷,《千頃堂書目》〔M〕,文淵閣《四庫全書》本。

16. 錢曾,《讀書敏求記》〔M〕,清雍正四年松雪齋刻本。

17. 朱彝尊,《曝書亭集》〔M〕,《四部叢刊》景清康熙本。

18. 永瑢,《四庫全書總目》〔M〕,乾隆武英殿刻本。

19. 《四庫全書》出版工作委員會編,《文津閣四庫全書提要彙編》〔M〕,北京:商務印書館,2006 年。

20. 嵇璜,《續文獻通考》〔M〕,清浙江書局本。

21. 嵇璜,《續通志·藝文略》〔M〕,清浙江書局本。

22. 孫詒讓,《溫州經籍志》〔M〕,民國十年刻本。

23. 丁立中,《八千卷樓書目》〔M〕,民國本。

24. 周中孚,《鄭堂讀書記》〔M〕,民國吳興叢書本。

25. 傅增湘,《雙鑑樓善本書目》〔M〕,林夕主編,《中國著名藏書家書目彙刊》〔M〕,(近代卷)第 28 冊,北京:商務印書館,2005 年。

26. 袁行霈,侯忠義,《中國文言小說書目》〔M〕,北京:北京大學出版社,1981 年。

27. 寧稼雨,《中國文言小說總目提要》〔M〕,濟南:齊魯書社,1996 年。

28. 中國古籍善本書目編輯委員會編,《中國古籍善本書目》〔M〕,上海:上海古籍出版社,1998 年。

29. 嚴靈峰編,《書目類編》〔M〕,臺北:成文出版社有限公司,1978 年。

30. 林夕主編,《中國著名藏書家書目彙刊》〔M〕,北京:商務印書館,2005 年。

31. 許逸民、常振國編,《中國歷代書目叢刊》〔M〕,北京:現代出版社,1987 年。

32. 《中國叢書綜錄》〔M〕,上海:上海古籍出版社,1986 年。

33. 賈貴榮等編,《地方經籍志彙編》〔M〕,北京:北京圖書館出版社,2008 年。

34. 周清澍,《元人文集版本目錄》〔M〕,南京:南京大學出版社,1983 年。

35. 劉達科,《遼金元詩文史料述要》〔M〕,北京:中華書局,2007 年。

36. 《遼金元傳記三十種綜合引得》〔M〕,北京:中華書局,1959 年。

37. 《遼金元傳記資料叢刊》〔M〕，北京：北京圖書館出版社，2006 年。

38. 《藝文志二十種綜合引得》〔M〕，北京：中華書局，1960 年。

39. 《筆記小說大觀叢刊索引》〔M〕，臺北：新興書局有限公司，1981 年。

40. 王德毅等編，《元人傳記資料索引》〔M〕，北京：中華書局，1987 年。

41. 錢保塘，《歷代名人生卒錄》〔M〕，民國海寧錢氏清風室刊本。

## 四、相關歷史、地理類著作

1. 宋濂，《元史》〔M〕，乾隆武英殿刻本。

2. 柯劭忞，《新元史》〔M〕，民國九年天津退耕堂刻本。

3. 陳邦瞻，《元史紀事本末》〔M〕，明末刻本。

4. 邵遠平，《元史類編》〔M〕，康熙三十八年原刻本。

5. 胡粹中，《元史續編》〔M〕，文淵閣《四庫全書》本。

6. 魏源，《元史新編》〔M〕，光緒三十一年邵陽魏氏慎微堂刻本。

7. 曾廉，《元書》〔M〕，清宣統三年刻本。

8. 王士點，《秘書監志》〔M〕，文淵閣《四庫全書》本。

9. 浙江圖書館校刊，《元史外夷傳地理考證》〔M〕，《浙江圖書館叢書第一集》〔M〕，浙江圖書館，民國四年（1915 年）。

10. 浙江圖書館校刊，《元經世大典圖地理考證》〔M〕，《浙江圖書館叢書第二集》〔M〕，浙江圖書館，民國四年（1915 年）。

11. 李文田，《元史地名考》〔M〕，光緒二十四年胡玉縉抄本。

12. 蕭啟慶，《元代史新探》〔M〕，臺北：新文豐出版公司，1983 年。

13. 蕭啟慶，《蒙元史新研》〔M〕，臺北：允晨文化事業公司，1994 年。

14. 陳高華，《元史研究新論》〔M〕，上海：上海社會科學院出版社，2005 年。

15. 史衛民，《劍橋中國遼西夏金元史》〔M〕，北京：中國社會科學出版社，1998 年。

16. 張廷玉，《明史》〔M〕，乾隆武英殿刻本。

17. 李賢，《明一統志》〔M〕，文淵閣《四庫全書》本。

18. 王頌蔚，《明史考證攟逸》〔M〕，民國嘉業堂叢書本。

19. 王圻、王思義編集，《三才圖會》〔M〕，上海：上海古籍出版社，1988 年，據萬曆王思義校正本影印。

*20. 《異域圖志》，（現藏劍橋大學圖書館）。

21. 中國社會科學院歷史研究所編，《古代中越關係史資料選編》〔M〕，北京：中國社會科學出版社，1962 年。

22. 余定邦、黃重言編，《中國古籍中有關緬甸資料彙編》〔M〕，北京：中華書局，2002年。

23. 姚楠、許鈺，《古代南洋史地叢考》〔M〕，上海：商務印書館，1958年。

24. 陳高華、吳泰，《宋元時期的海外貿易》〔M〕，天津：天津人民出版社，1981年。

25. 高榮盛，《元代海外貿易研究》〔M〕，成都：四川人民出版社，1998年。

26. 魏徵，《隋書》〔M〕，乾隆武英殿刻本。

27. 歐陽修，《新唐書》〔M〕，乾隆武英殿刻本。

28. 曾燠，《江西詩徵》〔M〕，嘉慶九年刻本。

29. 王棻，《（光緒）永嘉縣志》〔M〕，光緒八年刻本。

30. 李昉，《太平御覽》〔M〕，《四部叢刊》三編景宋本。

31. 張鉉，《（至大）金陵新志》〔M〕，文淵閣《四庫全書》本。

32. 曾國荃，《（光緒）湖南通志》〔M〕，清光緒十一年刻本。

## 五、與本研究有關的其他著作

1. 陳孚，《交州稿》〔M〕，《陳剛中詩集》〔M〕，明鈔本。

2. 徐明善著，魏洪丘點校，《芳谷集》〔M〕，陶福履、胡思敬原編，江西省高校古籍整理領導小組整理，《豫章叢書》〔M〕，南昌：江西教育出版社，2006年，集部七。

3. 徐明善，《芳谷集》〔M〕，文淵閣《四庫全書》本。

4. 王約，《王學士約詩》〔M〕，顧嗣立輯，《元詩選·癸集·丙集》〔M〕，北京：中華書局，2001年。

5. 眞德秀，《西山文集》〔M〕，《四部叢刊》景明正德刊本。

6. 劉燧，《雲莊集》〔M〕，文淵閣《四庫全書》本。

7. 許有壬，《至正集》〔M〕，文淵閣《四庫全書》本。

8. 傅若金，《傅與礪詩集》〔M〕，民國嘉業堂叢書本。

9. 程鉅夫，《雪樓集》〔M〕，文淵閣《四庫全書》本。

10. 袁桷，《清容居士集》〔M〕，《四部叢刊》景元本。

11. 虞集，《道園學古錄》〔M〕，《四部叢刊》景明景泰翻元小字本。

12. 虞集，《道園遺稿》〔M〕，元至正間金伯祥刻本。

13. 王禮，《麟原文集》〔M〕，文淵閣《四庫全書》本。

14. 姚燧，《牧庵集》〔M〕，清武英殿聚珍版叢書本。

15. 吳澄，《吳文正集》〔M〕，文淵閣《四庫全書》本。

16. 趙孟頫，《松雪齋文集》〔M〕，《四部叢刊》景元本。

17. 王惲,《秋澗集》〔M〕,《四部叢刊》景明弘治本。

18. 魏初,《青崖集》〔M〕,文淵閣《四庫全書》本。

19. 瞻思,《瞻思佚文集》〔M〕,吳海鷹主編,《回族典藏全書》〔M〕,蘭州:甘肅文化出版社,2008 年。

20. 貝瓊,《清江文集》〔M〕,《四部叢刊》景清趙氏亦有生齋本。

21. 顧嗣立,《元詩選》〔M〕,一至三集,清康熙刻本。

22. 顧嗣立、席世臣編,吳申揚點校,《元詩選》〔M〕,癸集,北京:中華書局,2001 年。

23. 蘇天爵,《國朝文類》〔M〕,《四部叢刊》景元至正本。

24. 蔣易,《皇元風雅》〔M〕,清嘉慶《宛委別藏》本。

25. 孫原理,《元音》〔M〕,文淵閣《四庫全書》本。

26. 鄧顯鶴,《沅湘耆舊集前編》〔M〕,道光二十四年鄧氏小九華山樓刻本。

27. 莫友芝,《邵亭遺文》〔M〕,清末刻本。

28. 王士禛,《帶經堂集》〔M〕,《續修四庫全書》據康熙五十年程哲七略書堂刻本影印。

29. 王國維,《王國維全集》〔M〕,浙江教育出版社,廣東教育出版社,2009 年。

30. 解縉等編,《永樂大典》〔M〕,影印本。北京:中華書局,1986 年。

31. 姚瑩,《康輶紀行》〔M〕,清同治刻本。

32. 何三畏,《雲間志略》〔M〕,明天啓刻本。

33. 陳繼儒,《泥古錄》〔M〕,明寶顏堂秘笈本。

34. 文廷式,《純常子枝語》〔M〕,民國三十二年刻本。

35. 余懋學,《仁獄類編》〔M〕,萬曆直方堂刻本。

36. 顧起元,《說略》〔M〕,文淵閣《四庫全書》本。

37. 孫楷第,《元曲家考略》〔M〕,上海:上海古籍出版社,1981 年。

38. 陳垣,《元西域人華化考》〔M〕,上海:上海古籍出版社,2000 年。

39. 鄧紹基,《元代文學史》〔M〕,北京:人民文學出版社,1991 年。

40. 楊鐮,《元代文學編年史》〔M〕,太原:山西教育出版社,2005 年。

41. 楊鐮,《元詩史》〔M〕,北京:人民文學出版社,2003 年。

42. 鄧紹基、楊鐮主編,《中國文學家大辭典（遼金元卷）》〔M〕,北京:中華書局,2006 年。

43. 查洪德、李軍,《元代文學文獻學》〔M〕,北京:中國社會科學出版社,2002 年。

44. 吳承學,《中國古代文體形態研究》〔M〕,廣州:中山大學出版社,2000

年。

45. 褚斌傑，《中國古代文體概論》〔M〕，北京：北京大學出版社，1990 年。

## 六、有關研究生論文

1. 苗冬，《元代使臣研究》〔D〕，南開大學，博士論文，2010 年。

2. 安芮璿，《宋人筆記研究——以隨筆雜記爲中心》〔D〕，復旦大學，博士論文，2005 年。

3. 康冰瑤，《〈異域志〉研究》〔D〕，陝西師範大學，碩士論文，2011 年。

4. 王皓，《陳孚〈交州稿〉與元代的中越文化交流》〔D〕，四川師範大學，碩士論文，2009 年。

5. 王英，《元朝與安南之關係》〔D〕，暨南大學，碩士論文，2000 年。

6. 王繼東，《論越南李陳朝時期的對外關係》〔D〕，鄭州大學，碩士論文，2005 年。

7. 史燕龍，《元代高麗朝貢制度研究》〔D〕，內蒙古師範大學，碩士論文，2009 年。

8. 孫紅梅，《元代與高麗「舅甥之好」及兩國文化交流》〔D〕，吉林大學，碩士論文，2006 年。

9. 周靜，《元代文人贈高麗安南日本人士詩文本事鉤沈》〔D〕，復旦大學，碩士論文，2006 年。

10. 沈自強，《元代海外貿易體制研究》〔D〕，山東師範大學，碩士論文，2009 年。

11. 趙立豔，《元代筆記中的小說史料研究》〔D〕，山東大學，碩士論文，2010 年。

12. 孫勵，《宋代筆記分類考辨》〔D〕，上海師範大學，碩士論文，2004 年。

13. 林日波，《眞德秀年譜》〔D〕，華中師範大學，碩士論文，2006 年。

14. 俞頌雍，《〈古今說海〉考》〔D〕，華東師範大學，碩士論文，2007 年。

15. 李瑩，《〈青樓集〉研究》〔D〕，南京師範大學，碩士論文，2007 年。

16. 李政富，《李治與〈敬齋古今黈〉》〔D〕，內蒙古師範大學，碩士論文，2008 年。

## 七、有關期刊論文及其他類別論文

1. 夏鼐，《〈眞臘風土記〉版本考》〔A〕，《眞臘風土記校注》〔M〕，北京：中華書局，2000 年，第 191～203 頁。

2. 趙和曼，《中外學術界對〈眞臘風土記〉的研究》〔J〕，《世界歷史》，1984 年，（04）。

3. 段立生，《〈眞臘風土記校注〉之補注》〔J〕，《世界歷史》，2002 年，（02）。

4. 許肇林，《評〈眞臘風土記〉的三個校注本》〔A〕，《中外關係史論叢（第一輯）》〔C〕，1981 年。

5. 陳慧，《周達觀和〈眞臘風土記〉》〔J〕，《滇池》，2008 年，（08）。

6. 程有慶，《〈古今説海〉有無妄題撰人》〔J〕，《圖書館雜誌》，1996 年，（01）。

7. 武尚清，《〈安南志略〉在中國——成書、版本及傳藏》〔J〕，《史學史研究》，1988 年，（02）。

8. 武尚清，《安南志略校注序》〔J〕，《史學史研究》，1993 年，（04）。

9. 孫曉明，《試論〈安南志略〉的史料價值》〔J〕，《東南亞》，1987 年，（03）。

*10. 張秀民（署名張景輔），《〈安南志略〉解題》〔J〕，天津《大公報》圖書副刊，74 期，1948 年 11 月 22 日。

11. 張秀民，《安南書目提要》〔J〕，《北京圖書館館刊》，1996 年，（01）。

12. 劉玉珺，《中國使節文集考述——越南篇》〔J〕，《首都師範大學學報》（社會科學版），2007 年，（03）。

13. 王頲、張玉華，《「郎官湖」與安南旅寓士人黎崱》〔J〕，《湖北大學學報》（哲學社會科學版），2004 年 3 月，第 31 卷第 2 期。

14. 馬明達，《元代出使安南考》〔A〕，《專門史論集》〔C〕，廣州：暨南大學出版社，2002 年，第 156～183 頁。

15. 胡興東，《張立道二題》〔J〕，《雲南師範大學學報》，1999 年 6 月，第 31 卷，第 3 期。

16. 馬天博，《徐明善事蹟考》〔EB／OL〕，http://ladan005.blog.163.com/blog/static/52871816200711901341186/，2007／12／09。

17. 孟古托力，《蒙元與高麗關係述論》〔J〕，《北方文物》，2000 年，（04）。

18. 林德春，《略論蒙元與高麗的關係》〔J〕，《松遼學刊》（社會科學版），1997 年，（04）。

19. 舒健，《蒙元時期高麗來華使臣接待考述》〔J〕，《甘肅社會科學》，2010 年，（05）。

20. 林超民，《〈元朝征緬錄〉箋證》〔A〕，《林超民文集》〔M〕第二卷，昆明：雲南人民出版社，2008 年。

21. 林超民，《元代入緬三道考》〔A〕，《林超民文集》〔M〕第二卷，昆明：雲南人民出版社，2008 年。

22. 石堅軍，《元緬首戰考》〔J〕，《大理學院學報》，2007 年 11 月，第 6 卷第 11 期。

23. 廖大珂，《〈島夷志〉非汪大淵撰〈島夷志略〉辨》〔J〕，《中國史研究》，2001 年，（04）。

24. 劉迎勝，《汪大淵兩次出洋初考》〔A〕，《鄭和與海洋》〔M〕，北京：中國

農業出版社，1999年，第301～312頁。

25. 廖大珂，《元代官營航海貿易制度述略》〔J〕，《中國經濟史研究》，1998年，（02）。

26. 申海田、張明鋒，《宋元時期海外交通考析》〔J〕，《山東師範大學學報》（社會科學版），1997年，（02）。

27. 周桓，《西域南海交通史資料舉要》〔J〕，《河北大學學報》，1985年，（03）。

28. 杜成輝，《〈西使記〉作者劉郁事蹟考》〔J〕，《北方文物》，2009年，（04）。

29. 鍾嬰，《〈長春眞人西遊記〉述評》〔J〕，《杭州師範學院學報》（社會科學版），1995年，（01）。

30. 許全勝，《〈西遊錄〉與〈黑韃事略〉的版本及研究——兼論中日典籍交流及新見沈曾植箋注本》〔J〕，《復旦學報》（社會科學版），2009年，（02）。

31. 鄧國光，《劉壎〈隱居通議〉的賦論》〔J〕，《文學遺產》，1997年，（05）。

32. 田忠俠，《〈誠齋雜記〉作者考》，《學習與探索》，1983年，（03）。

33. 韓儒林，《關於〈蒙古史料四種〉和古行紀四種》〔J〕，《社會科學戰線》，1984年，（02）。

34. 李德輝，《論中國古行記的基本特徵》〔J〕，《寧夏大學學報》（人文社會科學版），2003年，（05）。

35. 陶敏、劉再華，《「筆記小說」與筆記研究》〔J〕，《文學遺產》，2003年，（02）。

36. 張惠仁，《古代筆記文初探》〔J〕，《四川師範大學學報》（社會科學版），1984年，（02）。

37. 褚斌傑，《略述中國古代的筆記文》〔J〕，《煙臺大學學報》（哲學社會科學版），1990年，（02）。

38. 程毅中，《略談筆記小說的含義及範圍》〔J〕，《古籍整理研究學刊》，1991年，（02）。

39. 嚴傑，《「筆記」與「小說」概念的目錄學探討》〔J〕，《唐五代筆記考論》〔M〕，北京：中華書局，2009年。

40. 張智華，《筆記的類型和特點》〔J〕，《江海學刊》，2000年，（05）。

41. 鄭憲春，《筆記文的本色及其流變》〔J〕，《中國文學研究》，1997年，（01）。

42. 馬月華，《筆記文獻的史料價值及筆記文獻信息的開發》〔J〕，《內蒙古師範大學學報》（哲學社會科學版），1996年，（01）。

43. 鄔福清，《關於筆記淵源與特點的思考》〔J〕，《襄樊學院學報》，2010年，（10）。

44. 王慶華，《古代文類體系中「筆記」之內涵指稱——兼論近現代「筆記小

說」概念的起源及推演》〔J〕,《華東師範大學學報》(哲學社會科學版),2010 年,(05)。

45. 溫志拔,《論〈文獻通考‧經籍考〉的重出與互著》〔J〕,《圖書館理論與實踐》,2010 年,(10)。

46. 陳高華,《讀錢大昕〈元史藝文志〉》〔J〕,《元朝史事新證》〔M〕,蘭州:蘭州大學出版社,2010 年。

47. 邵永忠,《清儒補元史藝文志目錄學成就探析》〔J〕,《圖書館雜誌》,2003 年,(10)。

48. 張豔麗、范紅霞,《清代三家補元史藝文志探析》〔J〕,《圖書館理論與實踐》,2005 年,(04)。

49. 蔡彥,《鈕緯和世學樓考》〔J〕,《浙江高校圖書情報工作》,2009 年,(05)。

50. 路子強,《讀〈八千卷樓書目〉影印附索引本》〔J〕,《藏書報》,2009 年,(29)。

51. 楊鐮,《元詩文獻研究》〔J〕,《文學遺產》,2002 年,(01)。

# 敘　事

余生長江南,地偏家寒,忝長房長孫,之位,集慈祖慈父之寵,雖捋膂雪履霜日,然不乏紈綺之为。七歲從文,學既略萃於群碩,漸曆榮族之厚望。然井蛙之見漸成,碩为之性日熾,終罹丙寅之禍,几略悟上幸友親奔救,方得續喘於穷廬。万死於一死。天既有好生之德,亦當有促善之意,遂漸敘野性,潛思於道,終日而思,雖不如須臾之學,然修身之法,殊途同歸,多思固然易殆,然亦庶幾有裨於不周也。

癸酉秋,余負笈於大都,習統計之學。蹒跚獨木而未踏,實屬僥倖攀經濟之層巔,狼狽可知,學既無成,思亦周矣。雖知障目以思想之殘葉,難遮學業荒疏之大蓋,仍期埋頭文學之深沙,而不睹統計精算之修巷。然籍晦遠災,自謀飾愧學雖無成,所幸養性識體,則世讓人,縱不乏小疵貽笑於大方之家,然尚無大過,不悖於夫子之道。

丁丑夏,余就職於大都之郊,涉世日深,接物日雜,興之所致,追Ⅱ町之長風猛志,偶發構經濟之藍圖,漸覽此技術先行之時,人文之學待興,世不關官宦富足之士,惜不見人文之賤者,事非所喜,常中途拔筆,而作文學之想,時對景無語,而有傷生之哀,漸識天地之道,在於人為之,而人為之道,在於人性。因念及人生如白駒過陳,而終老於經濟之學,實可恨也,遂於甲申春棄而求文,丙戌秋,幸得側身於京師學子之列。

小子狂想,不知天地之高厚,明知中

壽之旨，而多行過與，不及之舉，蒙諸方師

長善誘，方得喁喁於世間，而免罹空洞之厄。

辛何如哉。

京師為學者雲集之所，余雖鄙陋然

得以近智沐德，不無進益。初，列於李老師

真瑜之門，習古文學之術。老師曾師事寺

公修生及子公天池，學富道正，不棄余學

識之陋，諄諄教誨，耳提面命，有望子成龍

【敘事 三】

之心，而無揠苗助長之急。余雖愚魯然於

學術，人性道德，無不得老師之沐澤焉。

每邑及老師素日之教誨關愛，內心不勝溫

馨之感。

己丑秋，復有幸從楊先生鏞習文獻

之學。先生家學淳厚，而又能獨樹一帆，謹

於學生授課，雖抱喉嗓之恙，然孜孜於教，苦

學生風寬於人情。先生常於書室之中為講

---

口婆心，余小子望之，不勝感慨。先生學術寶

陵咨趄於帝人，惜小子過鈍不能肯先生於

百一。唯冀日後時以先生之教為勉，以先生

之學為勵。然幾不辱先生之門牆哥。

授業恩師，得一而萬幸也，余竟得，

辛何如哉。由是觀之，天之厚我良多，余敢

不戮力於學乎。

【敘事 四】

然余之所幸，不止於此。余雖生用賴之戶，

於用頹憂患，積郁於心，殷期余小子學

有所成。惜小子不孝無術，難孚熱望。先

然自幼得寵。先祖父諱騰達，父生根，皆長

堂祖母萬氏諱華春，慈心善腸，聞於鄉里。

余祖母早故，余小叔小勤甫生三月，悉賴堂

祖母撫養。余兄妹三人，亦久棲於堂祖母

之檐。堂祖母撫育眾輩，含辛茹苦，無

怨無悔。復待人溫和，人勝其名。其愛心諱德

之厚博世早傳瓜余母張氏名瀾妹自入
黃門，多歷困苦，然克勤克儉奮智持家，其
絕境求生之精神，為余求學不輟之動力。
內子黎敏，浮善賢達，雖處顛簸繁雜之世，
然專心於學潛志於道，猶出泥之蓮寶屬
難能。劣由寵生，然亦可得歷親友之愛，而
怡人生之情也。余得親如此，夫復何求！

天地君親師，人之五極焉。余既受天

敘事　五

地之澤，生於平安之世，復得親友恩師之
惠，幸何如哉！

夫文獻之學，以言必有據為本，以廣
搜窮羅為尚。文學之道，以追新求變為術，
以天則人性為宗。余甫窺文獻文學之門，
才疏學淺窮力竭慮撰成斯文，多有漏誤。
既有黎敏辛夢霞劉建立、施賢明諸親友
覽評，復經恩師惹心拨正，又得京師社科

院諸位先生指教，已糾誤不少。然料論文
之錯，如掃深秋之葉，洗深山之煤，旋糾旋
生，無休無止，一己之力，難以竟功。諸多闕
訛，冀博雅君子正之。

壬辰三月新余黃雲生識於京師

敘事　六